SVLTO

Erschütternd sei die gegenwärtige Finanzkrise, so schreibt Nathalie Sarthou-Lajus, weil sie ein neoliberales Ideal grundlegend infrage stellt: das Ideal vollkommener Unabhängigkeit und Souveränität. Unfreiwillig ist der Kapitalismus neuerdings gezwungen, die Abhängigkeit aller von allen anzuerkennen, seine Identität wackelt.

Schulden sind jedoch nicht allein ein wirtschaftliches Phänomen, und so zeigt dieser Essay anhand zahlreicher Beispiele aus der Literaturgeschichte die Allgegenwart der Schulden und deren Symbolkraft. Denn das menschliche Dasein besteht im Geben und Nehmen. Wir leben in familiären, historischen und geografischen Zusammenhängen und bleiben einander immer etwas schuldig. Aus Schulden muss aber nicht zwangsläufig ein Schuldgefühl entstehen, zumal sich niemand davon befreien kann. Wenn es gelingt, die untilgbare und damit existenzielle »Verschuldung« gelassen anzunehmen, wird zugleich tröstlich die überindividuelle Kontinuität erkennbar. Denn in der unauflöslichen »Erbschuld« allein liegt die Möglichkeit einer Zukunft.

Ein subtiler, erhellender Essay, lebendig und inspirierend.

»Was haben wir aber, was wir nicht empfangen haben?«
Augustinus, Bekenntnisse

Nathalie Sarthou-Lajus

Lob der Schulden

Aus dem Französischen
von Claudia Hamm

Verlag Klaus Wagenbach Berlin

Inhalt

Meinen Eltern

Einleitung

Die positive Bedeutung von Schulden

Was heutzutage gemeinhin »Schuldenkrise« genannt wird, verleiht einer philosophischen Lesart neue Aktualität, die Schuld neben Tausch und Gabe als ein Grundmuster sozialer Bindungen versteht.[1] Neben einer im Übrigen unverzichtbaren ökonomischen Untersuchung ruft diese Krise nach einer philosophischen Betrachtung. »Schulden« sind weder ein Forschungsgebiet, das Wirtschaftsexperten vorbehalten ist, noch eine Nebenkategorie der Moral oder der Theologie und als solche der Pflicht und Schuld nachgeordnet.

Um zu zeigen, dass menschliche Beziehungen anderen Modellen als dem des Tauschhandels folgen können und ihre Triebfeder nicht allein der persönliche Nutzen sein muss, interessierten sich Philosophen und Soziologen bislang vorrangig für die Gabe. Doch steht das Schuldenhaben nicht im Widerspruch zum Geben, sondern enthüllt ganz im Gegenteil dessen Komplexität. Es erlaubt insbesondere, den Gegensatz zwischen zwei Modellen des Gebens zu überwinden: einer philosophischen Vorstellung der reinen, unbedingten Gabe, die keine Gegenleistung erwartet (Heidegger, Lévinas, Derrida, Marion), und einer in den Geisteswissenschaften vorherrschenden Konzeption, bei der Gegenleistungen möglich sind, jedoch ohne die Verpflichtung oder das Kalkül, die eine müsse die andere gleichwertig aufwiegen (der Austausch von Gaben bei Mauss).

Der Begriff Schulden weckt negative Vorstellungen. Im Sprachregister des Tauschhandels ist er als

Verpflichtung bestimmt, eine geliehene Sache oder Summe zurückzugeben, wobei sich der Einzelne dieser entledigen *muss*, will er sich nicht in Abhängigkeit und Knechtschaft begeben. Die Versklavung des Schuldners ist ein beherrschender Gedanke im antiken Verständnis von Geldschuld und durchdringt das moderne Denken noch heute. Schulden aufzunehmen heißt, »sich die Schlinge um den Hals legen«. Wie François Tricaud erinnert: »Versklavung aufgrund von Verschuldung war in zahlreichen Gesellschaften der Antike alltägliche Praxis. Und in der modernen westlichen Welt wurde die Haftstrafe wegen Verschuldung erst zu einem jüngeren Datum abgeschafft. Jahrtausendelang bedeutete ›sich verschulden‹ also, zeitweise oder gar für immer seine Freiheit zu verlieren.«[2]

Mit dem Geldsystem wurde anfangs für das Handelsmodell ein praktisches Mittel geschaffen, um sich seiner Schulden sofort zu entledigen. Die Transaktion vor Ort schafft eine unglaubliche Freiheit in Tauschbeziehungen und erlaubt es, die eigenen Schulden unmittelbar zu begleichen, das heißt quitt zu sein und so die Quellen endloser Konflikte zu umgehen. Aber derselbe Markt, der zum ersten Mal in der Geschichte die Möglichkeit schuf, sich der Schulden seiner Vorfahren zu entledigen, hat inzwischen eine neue Situation des Verschuldetseins geschaffen, die ebenso viele Zwänge wie neue Ungleichheiten hervorbringt. Mit der zunehmenden Vergesellschaftung von Schulden, der Fluktuation des Kapitals und der konsequenten Deregulierung ist ein System entstanden, das Schulden verlagert und in die Höhe treibt, statt sie zu tilgen. Die als hochriskant bewerteten Anleihen stellen eine subtile Form von Versklavung dar und drohen, wenn sie angehäuft werden, überschuldete Wirtschaftsakteure (Privathaushalte, Unternehmen, Staaten) zu ersticken. Teils zu Recht verurteilen manche »die schändliche Verschuldung«, die der Finanzkapitalismus erzeugt, als Instrument von sozialer Kontrolle und Quelle unverschämter Ungleichheiten und Herrschaftsformen, die die alten Demokratien der Europäischen Gemeinschaft und der USA in die Knie zwingen.

Die derzeitige Kritik am Kapitalismus zielt nun auf den Verrat am Versprechen individueller Unabhängigkeit, das dieser einst selber gab. Tatsächlich war der Kapitalismus in seiner ersten Gestalt untrennbar mit der demokratischen Moderne und ihrer Bestrebung verbunden, die Macht der Erbfolge zu schwächen und die individuelle Selbstbestimmung zu fördern. Die Utopie des souveränen Einzelnen, die der Selfmademan als heldenhafte Gestalt verkörpert, entstand durch eine zunehmende Begleichung innerfamiliärer Schulden, womit Erbstreitigkeiten und Fragen nach der Herkunft um jeden Preis vermieden werden sollten. Die unmittelbare Wirkung davon war, dass sich einerseits nie dagewesene Emanzipationsmöglichkeiten eröffneten, andererseits aber auch die sozialen Bindungen zerfielen und Individuen entstanden, die aus der Gemeinschaft ausgeschlossen sind und auf denen inzwischen eine untilgbare Staatsschuld lastet.

Zwischen dem Verdrängen von Schulden und dem Beharren auf ihrer Unbezahlbarkeit möchte ich in diesem Buch zeigen, dass es für unsere Gesellschaften dringend notwendig ist, sich die positive Bedeutung von Schulden vor Augen zu führen, Schulden nämlich, die Menschen untereinander zu verbinden und den Blick auf die Zukunft zu richten vermögen. Wir gleichen heute aufmüpfigen Jugendlichen, die entdecken, dass man weder aus sich selbst heraus bestehen noch sein ganzes Leben lang auf Pump existieren kann, sondern aufgerufen ist, Rechenschaft abzulegen. Nach meiner Ansicht ist das Schuldenhaben weder eine rein ökonomische Tatsache (*debitum*, das, was ich jemandem schuldig bin) noch eine soziale (*obligatio*, eine verpflichtende Beziehung), sondern eine anthropologische Grundgegebenheit, die die ursprüngliche Situation des Menschen in seiner Beziehung zu anderen und zur Dimension der Zeit charakterisiert. Das Jemandem-etwas-schuldig-sein ist untrennbar mit der Frage nach der Herkunft verbunden. Sich mit Augustinus zu fragen: »Was aber haben wir, das wir nicht von dir empfangen haben?«[3] heißt anzuerkennen, dass der Mensch nicht Schöpfer seiner selbst ist.

Die Familie ist in diesem Sinn der erste Schmelztiegel, wo die Ursprungserfahrung, einander etwas schuldig zu sein, eine lebendige Bedeutung bewahrt, denn sie bezeichnet konkrete, geschlechtliche, ungleiche Wesen, die voneinander abhängig sind. Selbst wenn mit dem Ende des Patriarchats eine hierarchische Festlegung von Rang und Rolle in der Familie aufgeweicht wurde, kann eine individualistische Gleichheitslogik allein keine Familie definieren. Das Familienverhältnis ist ein Sinnbild für den verschuldeten Menschen, denn ein Kind erschafft sich nicht selbst und lebt nicht für sich allein. Diese strukturelle Abhängigkeit kann ein Gefühl von Selbstentfremdung hervorrufen, aber sie kann auch Vertrauen (Glaubwürdigkeit und Hingabe) und Unterstützung (Verantwortung und Solidarität) entstehen lassen. Eine anthropologische Annäherung erlaubt es, zwischen einem negativen Aspekt von Schuld zu unterscheiden, der Entfremdungs- und Schuldgefühle erzeugt, und einem positiven, der in Prozessen gegenseitiger Anerkennung und der Weitergabe von Gütern und Werten zu finden ist.

Gaben können ebenso erdrückend sein wie Schulden, wenn sie jede Form von Gegenleistung verbieten und den Begünstigten zum insolventen Schuldner machen. Gleichermaßen können Schulden, wenn sie nicht zum (Zurück-)Geben führen, in einer Situation ewiger Verschuldung gefangen halten. Die Organspende ist ein gutes Beispiel, um deutlich zu machen, wie sich Gabe und Schuld vermengen und die Identität beider Partner beeinflussen. Eine Organspende ist eine einseitige Gabe, der Geber erwartet keine Gegenleistung – vielmehr ist er oft sogar abwesend, weil bereits gestorben. Beim Empfänger bringt diese Gabe das Gefühl hervor, dem Spender und seiner Familie etwas schuldig zu sein. Aber dieses Schuldigbleiben erzeugt nicht unbedingt ein Gefühl moralischer Schuld; vielmehr wünschen sich manche Empfänger, wieder anderen etwas geben zu können. So erklärt Jacques T. Godbout: »Diese Transplantationspatienten machen eine Erfahrung von positiver Schuld und umgehen oder überwinden die Bedrohung, die eine solche Gabe darstellen kann. Sie entkommen der ›Tyrannei des Geschenks‹. Sie streben nicht mehr nach Wechselseitigkeit und Gleichheit. Sie wollen auf andere Weise zurückgeben. Sie wollen selber spenden.«[4] Die Organspende schafft beim Empfänger eine bleibende Schuld, doch kann diese, wird die Spende als Weitergabe von Leben verstanden, auch als positive Erfahrung wahrgenommen werden.

Die Schuld, die man nicht begleichen kann, ist also nicht notwendigerweise negativ. Sie betrifft nicht nur das Haben, sondern auch das Sein, denn sie berührt die Identität dessen, der empfängt, und rüttelt an seinem Gefühl von Selbstgenügsamkeit. Doch auch wenn das Verschuldetsein die Identität des Subjekts zu erschüttern droht, besiegelt es noch lange nicht dessen Bankrott. Der Ambivalenz von Schuld zu begegnen, die zu jeder menschlichen Beziehung gehört, und darauf zu antworten, indem man sich selbst verschenkt, bedeutet, die Freiheit zu einem Leben zu gewinnen, das in Anbetracht der eigenen Zeitlichkeit zu gestalten ist. Es bedeutet auch, das Vererben von Generation zu Generation wieder höher zu bewerten – nur zu diesem Preis kann den Herausforderungen des Umweltschutzes und der ökologischen Wende begegnet werden – und ein soziales Gewebe zu knüpfen, das auch für die Schwächsten Sorge trägt, indem es den Einfluss des Markts auf unsere Tauschbeziehungen einschränkt.

Das zeitgenössische Subjekt ist weder ein unabhängiges Individuum noch ein insolventer Schuldner; vielmehr ist es dazu aufgerufen, seine Autonomie im Bewusstsein einer wechselseitigen Abhängigkeit und uns allen gemeinsamen Verletzlichkeit zu erringen.

Tausch, Gabe und Schuld

Tauschen, Geben und Schuldigbleiben gehören zu den unterschiedlichsten Beziehungen, die wir miteinander unterhalten. Unabhängig von theoretischen Grabenkämpfen und notwendigen Unterscheidungen bleiben sie tief in den Austausch von Dingen, Gefälligkeiten, Einladungen oder Geschenken eingeschrieben, die das Gefüge des Gesellschaftslebens ausmachen. Was für eine Wechselseitigkeit oder welches Gleichgewicht suche ich, wenn ich meine Beziehungen einem Kassensturz unterziehe? Welches Ungleichgewicht nehme ich in Kauf, ohne befürchten zu müssen, bei dieser Rechnung den Kürzeren zu ziehen oder mich nicht revanchieren zu können? Kann sich das, was ich beim Geben von mir selbst gebe, dem Kreislauf von Austauschen und Schuldigbleiben entziehen? Die Koexistenz von Tausch, Gabe und Schuld irritiert uns; gleichzeitig macht sie die Ambivalenz jeglicher menschlichen Beziehung deutlich. So betrachten große anthropologische oder ethnologische Werke wie Nietzsches *Zur Genealogie der Moral* oder Marcel Mauss' *Die Gabe* Tausch, Schuld und Gabe als zusammenhängendes System, auch wenn sie mal den einen, mal den anderen Vorgang als Triebfeder von Beziehungen in den Vordergrund stellen. Shakespeares *Kaufmann von Venedig* illustriert diese Komplexität im zwischenmenschlichen Umgang auf packende Weise und zeigt, wie selbst Liebe und Freundschaft von der Logik des Tauschs und der Schuld geprägt bleiben, der sie sich doch zu entziehen versuchen.

Oft glauben wir, es mit einem Geschenk zu tun zu haben, und bleiben eigentlich im Kreislauf von Tausch und Schuld gefangen. Das bedeutet nicht, dass es ein Schenken ohne Erwartung einer Gegenleistung nicht gäbe, aber dass diese Geste selten zu finden ist.

Der Kaufmann von Venedig[5] *oder die Komplexität zwischenmenschlichen Umgangs*

Die erste Szene des *Kaufmanns von Venedig* erzählt von der Melancholie, an der die Hauptfigur des Stücks, Antonio, leidet, von seinem geringen Interesse an der Welt und seiner Vorliebe für Askese. Dennoch ist Antonio ein reicher, christlicher Händler. Sein Glück findet er allerdings nicht im Spekulieren, sondern darin, sein Geld für Freunde zu verprassen. Antonio befürchtet weniger, seinen Reichtum zu verlieren als seinen Freund Bassanio. Für diesen ist er bereit, sein Leben zu opfern: »Ich selbst, mein Beutel, was ich nur vermag, / Liegt alles offen da zu Euerm Dienst« (I, 1, 126–134). Das trifft sich gut, denn Bassanio war sein ganzes Leben lang nicht aufs Haushalten bedacht und hat seine Jugend mittels der Leihgaben und Großzügigkeit seines Freundes durchgebracht. Er weiß, dass er diesem etwas schuldig geblieben ist, und äußert den Wunsch, seine Schuld zu begleichen, denn Freundschaft strebt nach Gegenseitigkeit und Gleichheit. Doch gerade hat er sich neue Schulden aufgehalst: Er möchte seine Heiratspläne in die Tat umsetzen. Die Hochzeit liegt ihm am Herzen und verspricht, ihn obendrein noch reich zu machen, sodass er in den Stand käme, seinem Freund endlich alle Schulden zurückzuzahlen. Also nimmt Bassanio bei Shylock, einem jüdischen Wucherer, ein Darlehen von 3000 Dukaten auf, und Antonio verbürgt sich für ihn.

Antonio steht diese Summe nicht flüssig zur Verfügung; sein Besitz ist auf verschiedene Handelsschiffe verteilt und in alle vier Winde zerstreut und dort Gefahren und Verlusten ausgesetzt, doch er bleibt solvent. Der jüdische Wucherer hasst den christlichen Kaufmann, der für seine Freigebigkeit bekannt ist und damit verhindert, dass Shylock seine eigenen Spekulationsgeschäfte möglichst profitträchtig abwickeln kann: »Ich hass' ihn, weil er von den Christen ist, / Doch mehr noch, weil er aus gemeiner Einfalt / Umsonst Geld ausleiht und hier in Venedig / Den Preis der Zinsen uns herunterbringt« (I, 3, 37–40). In seinem Ressentiment will er seinen Hass noch übertrumpfen und Rache nehmen; so fordert er für den Fall, dass die geschuldete Summe nicht rechtzeitig zurückgezahlt würde, ein Pfund Fleisch von einem Körperteil Antonios seiner Wahl. Der Gläubiger zeigt, dass er mehr will als das, was man ihm schuldet: Er will seinen Reichtum und seine Macht vermehren und Gewalt über seinen Schuldner erlangen. Er will das Leben seines Schuldners.

Wie kann Antonio einen derart verrückten Vertrag akzeptieren, obwohl er weiß, dass er in die Katastrophe führen wird? Seltsamerweise scheint ihm der Preis des Vertrags nicht sonderlich schmerzhaft zu sein: »Bereut nicht, dass Ihr einen Freund verliert, / Und er bereut nicht, dass er für Euch zahlt: / Denn schneidet nur der Jude tief genug, / So zahl ich gleich die Schuld von ganzem Herzen« (IV, 1). Antonios Gleichgültigkeit gegenüber dem Gesellschaftsleben ist bekannt, und man fragt sich, ob ihm überhaupt noch am Leben gelegen ist. Die Ambivalenz seines Opfers lässt Zweifel aufkommen. Wenn Antonio bereit ist, sein Leben für Bassanio hinzugeben und zu sterben, scheint seine Gabe vor allem der dankbaren Nachwelt bestimmt. Sein Opfer ist Teil einer demonstrativ zur Schau gestellten Gabe, die Schuld erzeugt, weil sie ständig ihre

Mildtätigkeit betont: »Schau, was ich alles für dich tue!«, »Schau, wie sehr ich dich liebe!«, scheint sie zu sagen. Es ist ein spektakuläres Geschenk, das doch nur Schauspiel ist, weil es erwartet, die anderen mögen sich durch Respekt oder Dankbarkeit erkenntlich zeigen und dem Spender damit einen Lebenssinn verschaffen und sein Prestige erhöhen. Antonios Bedürfnis, von seiner Gabe zu sprechen und ihre Vorzüge anzupreisen, zeugt von der Angst, er könne umsonst gegeben haben und mit seinem Geschenk selbst verloren gehen. Erfordert eine authentische Gabe nicht mehr Diskretion?

Wahrhaftes Geben zeigt sich ausgerechnet in Bassanios Wahl seiner Geliebten, symbolisiert durch die Wahl des »bleiernen Kästchens«. Denn um die Hochzeit mit der reichen, tugendhaften Porzia zu verdienen, sind ihre Freier aufgefordert, zwischen drei Kästchen zu wählen: Das goldene trägt die Inschrift: »*Wer mich erwählt, gewinnt, was mancher Mann begehrt*« (II, 7, 5), das silberne: »*Wer mich erwählt, bekommt so viel, als er verdient*« (II, 7, 7) und das bleierne »*Wer mich erwählt, der gibt und wagt sein Alles dran*« (II, 7, 9). Zu lieben und zu geben, das heißt, alles zu wagen und vielleicht alles zu verlieren, was man besitzt – und selbst das, was man nicht besitzt, wie im Fall von Bassanio! Die wahrhafte Gabe entzieht sich dem Wunsch nach Kontrolle und Aneignung, sie wird nicht aus Kalkül oder Eigeninteresse dargebracht, sondern aus Güte. Sie setzt voraus, dass der Geber sich entblößt und auf das Prestige von Unabhängigkeit oder Leistung verzichtet. Sie ist ein Akt der Hingabe und keine Geste der Selbstgefälligkeit.

Das ganze Stück beruht auf dem Gegensatz zwischen Gabe und Schuld. Es ist eine Frau, Porzia, die als Mann verkleidet auftaucht, um zu richten und den Konflikt zwischen Antonio und Shylock zu lösen. Denn Letzterer fordert sein Recht ein, er will, was ihm zusteht. Porzia jedoch entlarvt die Logik des Ausstechens, die den jüdischen Wucherer antreibt, und schlägt ihn mit seinen eigenen Waffen: denen von Recht und Gesetz. Die Figur des Shylock ist negativ gezeichnet und sinnbildlich für den damals herrschenden Antisemitismus, vor allem aber spiegelt sich in ihr die Angst vor dem Verschuldetsein wider, das als eine Belastung wahrgenommen wird, die nicht nur die materiellen Ressourcen des Schuldners antastet, sondern ihn seiner selbst beraubt und der schlimmsten Art von Selbstentfremdung preisgibt. Dieser Antifigur des gierigen Wucherers ist die des christlichen Kaufmanns Antonio gegenübergestellt, der Übervorteilung verachtet, seinen hilfsbedürftigen Freunden selbstlos Geld leiht und für sie bürgt, wenn sie in Not sind. Dennoch enthüllt sich dieser Gegensatz zwischen einer Ökonomie der Gabe einerseits und einer der Schulden andererseits als komplexere Angelegenheit: Die eine kann in die andere umschlagen.

Die (erzwungene) Bekehrung des Juden zum Christentum ist deshalb eine der überraschendsten Wendungen in diesem Stück: Zwar gewährt man dem Wucherer Gnade – doch nur unter der Auflage seiner Bekehrung, was ganz zu Recht als schwerste Form der Bestrafung erkannt wird, knebelt sie doch nicht nur sein Leben, sondern auch seine Seele! Über Shylocks Bekehrung darf jedoch die zweite Verwandlung nicht übersehen werden, die in diesem Stück auszumachen ist: die einer übertrieben zur Schau gestellten Gabe in eine untilgbare Schuld, das, was Nietzsche in seiner Lesart des Opfers Jesu »die Falschmünzerei der christlichen Moral« nennt oder »den Geniestreich des Christentums«. »Gott selbst sich für die Schuld des Menschen opfernd, Gott selbst sich an sich selbst bezahlt machend, Gott als der Einzige, der vom Menschen ablösen kann, was für den Menschen selbst unablösbar geworden ist – der Gläubiger sich für seinen Schuldner opfernd, aus L i e b e (sollte man's glauben? –), aus Liebe zu seinem Schuldner! ...«[6] Die christliche Ökonomie der Gabe ist somit eigentlich eine Ökonomie der Schuld. Hinter dem liebenden Gott der Christen versteckt sich ein furchterregender Gläubiger, der sich selbst mit dem Opfer seines Sohnes auszahlen muss, weil seine Schuldner insolvent sind – womit er sie zu ewigen Schuldnern macht!

Die primitive Ökonomie der Schuld

In modernen Gesellschaften sind nicht nur alle wirtschaftlichen, sondern auch sämtliche rechtlichen Beziehungen von einer Logik des Tauschs bestimmt. Diese garantiert Gegenseitigkeit im menschlichen Umgang und sorgt im Sinne einer Gleichbehandlung aller Menschen dafür, dass jedermanns Interessen berücksichtigt werden und ein Ausgleich geschaffen oder eine Entschädigung angeboten wird. Die Schwierigkeit, das Aufkommen des Tauschhandels zeitlich genau zu bestimmen, heißt noch lange nicht, dass dieser immer schon existiert habe, und ebenso wenig, dass er »eine natürliche Beziehung« oder ein »universelles Gesetz« sei. Manche Gesellschaften hatten keine Vorstellung davon oder hielten ihn bewusst aus dem heraus, was das Fundament ihrer eigenen Ökonomie darstellte.

Marcel Mauss' Werk *Die Gabe* ist für die politische Ökonomie in diesem Sinn von grundlegender Bedeutung. Mauss bestimmt den Gabentausch als ein »System der totalen Leistungen«[7], das dem Aufkommen von Händlern und der Erfindung des Geldes vorausgehe. Seine Analyse stützt sich auf eine Reihe von Studien zu Tauschbeziehungen in archaischen Gesellschaften wie dem Potlatsch in Polynesien und dem Kula in Melanesien, Ritualen des Geschenkaustauschs, die sich vom Tauschhandel grundlegend unterscheiden. Tatsächlich sind diese Formen des Gabentauschs frei von jedem utilitaristischen Kontext und haben vor allem einen festlichen Charakter. Der Zweck der Transaktion ist weder der Besitz noch der Konsum von Gütern, sondern die Transaktion selbst und die zwischenmenschliche Bindung, die damit geknüpft wird. Die »totalen Leistungen« beruhen auf drei Verpflichtungen: zu geben, zu empfangen und zurückzugeben. Die Weigerung zu schenken, ein Geschenk anzunehmen oder zu erwidern bedeutet, Konflikt oder Schande zu riskieren. Besonders großzügige Geschenke sind ein Mittel, das eigene Prestige zur Schau zu stellen und zu verdeutlichen, dass man das eigene Dasein anderen verdankt: »Außerdem gibt man beim Geben sich selbst, und zwar darum, weil man sich selbst – sich und seine Besitztümer – den anderen ›schuldet‹.«[8] Marcel Mauss betont, dass der Geber in der Gabe enthalten sei, schenken bedeute immer auch, einen Teil von sich herzugeben und der Verpflichtung zur Gabe nachzukommen, weil man *sich selbst* anderen *schuldig ist*. Potlatsch und Kula sind also nur scheinbar selbstlose Rituale, tatsächlich verpflichten sie den Beschenkten und verfolgen sehr wohl einen Zweck. Die stärkste Verpflichtung ist dabei die zur Gegengabe, denn sie folgt keinem vorherigen Kalkül und kann sogar dazu führen, dass man sich im Wert der dargebrachten Geschenke gegenseitig zu überbieten versucht. Wer nicht in der Lage ist, die Gabe angemessen zu erwidern, muss dennoch irgendetwas zurückschenken und seine Schulden dann eben später begleichen: »Es ist eine Art Wartegeschenk, eine Art Verzugszins; es besänftigt den Gläubiger, den ehemaligen Geber, befreit jedoch nicht den Schuldner, den zukünftigen Geber.«[9]

Eine solche Neubewertung des Gabentauschs für das menschliche Sozialverhalten setzt sich über das vorherrschende ökonomische Verständnis hinweg, das ausschließlich auf den Axiomen Zweck und Profit gründet. Sie ist das heutige Fundament der

MAUSS-Bewegung (Mouvement antiutilitariste en science sociale, dt. Antiutilitaristische Bewegung in den Sozialwissenschaften), der es vor allem darum geht, die Gabe als anthropologisches Grundphänomen aufzuwerten. Über eine Kritik an Spekulation und Wucher hinaus verurteilt die MAUSS-Bewegung auch das begrenzte Verständnis von Wohltätigkeit in Form von Almosen und einseitigen Gaben, die den Empfänger demütigen: »Das Leben eines Mönchs muß ebenso vermieden werden wie das eines Shylock«[10], präzisiert Mauss. Eine Gabe ist eine Leistung ohne Rückgarantie, sie folgt keiner Berechnung und keinem Zweck, lässt aber die Möglichkeit einer Gegenleistung offen. Sie bringt eine eigene Ökonomie hervor und spielt gleichzeitig in der Warenwirtschaft bei der Umverteilung von Reichtümern zugunsten der Mittellosesten eine entscheidende Rolle.

Aus einer anderen Perspektive heraus definieren Gilles Deleuze und Félix Guattari die primitive Ökonomie nicht ausgehend von den Konzepten Tausch oder Gabe, sondern von dem der Schuld. Dabei lehnen sie sich an Nietzsches Vorstellung von der Genese sozialer Beziehungen an, wie sie in der *Genealogie der Moral* skizziert ist. »Das große Buch der modernen Ethnologie ist weniger Mauss' *Essai sur le don* als Nietzsches *Genealogie der Moral*«[11],- schreiben sie im *Anti-Ödipus*. In der Tat liegt laut Nietzsche jeder sozialen Bindung eine archaische Gläubiger/Schuldner-Ökonomie zugrunde. Sie ist die ursprüngliche Beziehung eines Menschen zu einem anderen, das erste Maß, das Menschen aneinander anlegen. Diese Ökonomie der Schuld ist Teil eines gewaltsamen, selektiven kulturellen Prozesses, dessen Ziel es ist, den Menschen zu einem Wesen mit Gedächtnis zu machen, das fähig ist, Versprechen zu halten und Verantwortung zu übernehmen, einem Wesen, das rechnen kann und mit dem zu rechnen ist. Die Schuld ist nicht nur eine Art aufgeschobener Tausch. Sie führt zu einer ungleichen Abhängigkeitsbeziehung, welche die Form eines Darlehens, einer Unterstützung oder von Beistand annehmen, sich in jedem Moment aber auch in ein Instrument der Machtausübung, der Erpressung oder der Entmündigung verkehren kann.

Sicher ist es wichtig, die unterschiedlichen Rollen von Gabe und Schuld in Tauschbeziehungen im Blick zu haben, aber muss eine Ökonomie der Schuld deswegen auch als Gegensatz zu einer Ökonomie der Gabe begriffen werden? Ordnet man Gabe, Schuld und Tausch verschiedenen Logiken zu und betrachtet sie getrennt voneinander, kommt man nicht ohne apriorische Setzungen aus. Eine Gabe, die keine Schuld erzeugt und jenseits jeglicher Tauschbeziehung dargebracht wird, ist ein selten anzutreffendes Phänomen. Und selbst eine solche »reine« Gabe schreibt sich in eine Beziehung ein, die gewöhnlich kaum von der Verpflichtung zur Gegenleistung enthoben ist, selbst wenn Gabe und Gegengabe nicht gegeneinander aufgewogen und keine Symmetrien angestrebt werden. Auch wenn eine Gabe sich als bedingungslos gibt, kann sie nicht jede Art von Gegenleistung verbieten, denn das, was wir verschenken, wenn wir wirklich schenken, gehört nicht uns. Und schließlich ist Schuld nicht das Gegenteil von Gabe. Schulden bringen ebenso sehr ein Ungenügen und eine konstitutive Unreinheit zum Ausdruck wie das Vermögen, eine Dynamik des Tauschs in Gang zu setzen. Schulden erzeugen ein Ungleichgewicht in der Beziehung, doch ist dieses nicht notwendig ein Zweck an sich oder der Ursprung von Knechtschaft. Eine Gläubiger/Schuldner-Beziehung ist nicht für alle Zeiten festgelegt, sondern Teil eines Prozesses der gegenseitigen Anerkennung und der Weitergabe von Vermögen. Eine Schuldenbeziehung ist eine Vertrauensbeziehung, sie entspricht einem Glaubensakt oder der Zuversicht, dass die Zukunft Besseres bringt. Tatsächlich heißt »sich Verschulden« nichts anderes, als die Zukunft vorwegnehmen, um nicht aus dem wirtschaftlichen und sozialen Gefüge herauszufallen. Die heutige »Schuldenkrise« erweist sich folglich als eine Vertrauenskrise, als Misstrauen gegenüber der Zukunft, weil diese nicht mehr als Quelle von Möglichkeiten, sondern als die Zeit aller möglicher Unsicherheiten wahrgenommen wird. Dennoch leben wir von dem Glauben, den wir anderen schenken müssen, und dem Vertrauen, das diese in uns setzen – wobei wir wechselweise die aktive und die passive Rolle einnehmen. Dieses Vertrauen ist gewiss nicht unbegrenzt. Irgendwann kommt der Moment, da wir Rechenschaft ablegen müssen oder, anders gesagt, für das einstehen müssen, was wir gegeben und bekommen haben.

Das ökonomische Prinzip der Familie beruht auf einem solchen System gegenseitiger Schulden: Es erhält durch Heirat oder Geburt erworbene Verwandtschaftsverhältnisse und garantiert die Weitergabe von Vermögen. Die Übertragung der familiären Schuld auf eine anonyme, kollektive Macht, die dem Verwandtschaftssystem übergeordnet ist, steht für eine Umwandlung und Befreiung von dieser Schuld qua Geburt. Die Verlagerung der Schuld von der Familie auf die gesamte Gesellschaft entbindet von der Verpflichtung, interpersonale Abhängigkeitsbeziehungen einzugehen. Sie errichtet ein System der wechselseitigen Anerkennung, das den Zusammenhalt einer Gemeinschaft sichert und jedem ihrer Mitglieder erlaubt, an ihr teilzuhaben. Marcel Hénaff zufolge repräsentiert die Tatsache, dass »*der Staat die Schuld auf sich nimmt*«[12], dementsprechend »eines der wesentlichen Merkmale des souveränen Amtes«. Diese Übertragung der »*Lebensschuld*« auf die Institution des Souveräns zeigt sich besonders deutlich im Recht auf Begnadigung: »Uns kommt es auf die Übertragung der *Lebens-*

schuld auf die souveräne Institution an, insofern sich hier in wesentlicher Weise die Anerkennung dieser Funktion mit der politischen Macht verbindet (was ja bekanntlich der Ursprung des Hoheitsrechts der Gnade ist).«[13]

Allgemein gesagt kann die Auffassung, Schulden seien ein anthropologisches Grundphänomen, ein neues Verständnis für sämtliche Tauschbeziehungen wecken, denn Schulden machen deutlich, dass deren Gleichgewicht stets in Richtung der einen oder anderen Seite kippt. Können zeitgenössische Gesellschaften mit ihren zutiefst individualistischen und auf Gleichheit zielenden Tendenzen eine solche wechselseitige Abhängigkeit und ein solches Ungleichgewicht aushalten, bei dem nie genug gegeben und die Schuld nie beglichen ist?

Der Kapitalismus und die Verlagerung der Schuld

Im Vergleich zu traditionellen Gesellschaften scheint der Kapitalismus mit seiner Form der Marktwirtschaft zunächst von der Schuldenlast zu befreien. Er markiert den Eintritt in eine Ökonomie des freien Tauschs, bei der jeder nach Belieben kaufen und verkaufen kann, sofern er sich – zumindest im ersten Verständnis von Kapitalismus bis in die Dreißigerjahre – auf das beschränkt, was als Ware betrachtet werden kann, anders gesagt, unter Wahrung des unveräußerlichen Status der Person.

In traditionellen Gesellschaften sind Tauschbeziehungen auf einen Umlauf von Gaben und Gegengaben gegründet, bei dem zwischen Dingen und Personen nicht unterschieden wird. Über den Austausch von Geschenken messen sich Personen untereinander und werden teilweise in eine schwindelerregende Spirale von Ausgaben hineingezogen, die bis zum Opfer des eigenen Lebens gehen kann, denn die Schande, eine Schuld nicht abzuzahlen, ist schlimmer als der Tod. Die Günstlingswirtschaft ist beispielhaft für ein solches System der verallgemeinerten Schuld, das auf nicht institutionalisierten und nicht reglementierten interpersonalen Abhängigkeitsbeziehungen beruht. Schließlich basieren Tauschbeziehungen in traditionellen Gesellschaften auf einem Zusammenspiel von Verpflichtungen, deren zwingendste die ist anzunehmen, was einem geschenkt wird, und das Geschenk unter Berücksichtigung eines Gleichwertigkeitscodes zu erwidern – ein Code, der umso komplexer ist, als er nirgends niedergeschrieben steht.

Die Marktwirtschaft bietet die Möglichkeit, sich von der Schuld zu befreien; das System von Verpflichtungen wird durch Prinzipien ersetzt, die vom Preis bestimmt werden und nach denen niemand zum Kauf oder Verkauf gezwungen ist. Das Geld als neues Wertmaß verleiht den Tauschbeziehungen eine ganz neue Freiheit, denn es erlaubt, sich an Ort und Stelle, wo die Leistung bezahlt wird, jeder Schuld zu entledigen. Die Geldökonomie ist ein System der kalkulierbaren, übertragbaren Schuld, die vom Zustand der permanenten Schuld des Feudalsystems befreit, wie Jacques T. Godbout analysiert: »Der Markt ist eine außergewöhnliche Schuldentilgungsmaschine. Nie war es so einfach, seine Schulden zu begleichen, wie in dem Moment, da die Schuld sofort quantifizierbar, unzweideutig, sichtbar und klar bestimmbar wurde und ihre Zahlungsbedingungen präsent waren.«[14] Bei Banken aufgenommene Schulden sind messbar und rückzahlbar: Wir verdanken unseren Bankern nicht unser ganzes Leben, wie früher der Vasall oder der Sklave das seine seinem Herrn. Dennoch stellen diese befreienden Aspekte des Kapitalismus weniger eine eindeutige Annullierung der Schuld dar als vielmehr ihre Verlagerung von der Sphäre zwischenmenschlicher Beziehungen in eine undurchsichtigere Sphäre der Finanzwelt.

Tatsächlich lässt eine aufmerksame Untersuchung der Funktionsweise des Kapitalismus[15] hinter der Löschung der interpersonalen Schuld die Last unendlicher Schulden aufscheinen. Schulden und Abhängigkeiten sind von interpersonalen Beziehungen auf Banken und speziell in die Finanzmärkte verlagert worden. Letztere leisten dabei gute Dienste, denn sie erlauben, die Ersparnisse verschiedener Wirtschaftsakteure in Form von Investitionen und Krediten neu zu verteilen. Doch die Deregulierung der Finanzmärkte hat es verstärkt möglich gemacht, Profit aus Spekulationen zu schlagen, ohne gleichzeitig Investitionen zu tätigen. Die Vervielfachung und Anhäufung hochriskanter Darlehen seitens privater Finanzinstitute haben letztlich ein diktatorisches System der Märkte geschaffen, das ein entfesseltes Streben nach Rentabilität um jeden Preis hervorgebracht hat. Kann man Banken noch »Gläubiger« nennen, wenn sie Darlehen mit dem Wissen gewähren, dass diese kaum rückzahlbar sind und zum Bankrott der Darlehensnehmer führen können?

Die Tauschbeziehung in der Marktwirtschaft reduziert sich nicht auf die Symmetrie zweier Handlungen im klassischen Gleichgewicht von Kauf und Verkauf oder Angebot und Nachfrage. Sie kann aber als unbegrenzte Fortführung von Kreditaufnahme und -gewährung verstanden werden, die zwar neue Investitionsmöglichkeiten schafft, eine Gesellschaft aber auch lähmen kann, wenn sie vor allem die Unausgewogenheiten und Ungleichheiten betont. Ein zunehmendes Kaufen auf Kredit schafft ein Schuldensystem, das sich in ein Unterdrückungsinstrument verwandeln kann, welches Einzelhaushalte »erstickt«, während es die Profite von Banken und Finanzmaklern weiter steigen lässt. Die üblichsten Ausgaben einer Familie wie der Kauf einer Wohnung oder eines Autos oder die Finanzierung eines Studiums der Kinder werden tatsächlich meist auf Kredit getätigt, und zwar mit Abzahlungsraten, die manchmal höher sind als die zur Verfügung stehenden Einkommen und ein dementsprechend hohes Risiko der Privatinsolvenz bergen.

Die Zunahme von Überschuldungsfällen offenbart die Verschlechterung der wirtschaftlichen und sozialen Lage einer wachsenden Anzahl von Menschen: Steigende Arbeitslosigkeit, Sinken von Einkommen und Kaufkraft, vermehrte Ausschlüsse aus Banken- und sozialen Netzwerken zeugen davon. Verlängerbare Verbraucherkredite sind im Umfeld einer Krise oft Fallen, die eine Überschuldung noch zuspitzen. Ohne diese Art von Kredit verbieten zu wollen, die es Einzelpersonen und Haushalten mit bescheidenem Einkommen erlaubt, alltägliche Bedürfnisse zu befriedigen und bis Monatsende über die Runden zu kommen, erscheint es doch dringend geboten, die Instrumente von Kreditbeschränkung und sozialer Unterstützung zu verbessern, um dramatische Situationen zu verhindern, in denen Menschen an Schulden ersticken. Wer verschuldet ist, gerät in Verruf. Denn die neuen Gebote der Selbstbestimmung und persönlichen Verwirklichung zwingen verstärkt dazu, alle Risiken auf sich zu nehmen und die Verantwortung auch für die kleinsten Schicksalsschläge allein zu tragen. Gewiss hat der Einzelne in einem System von Kreditgewährung und Schuldenaufnahme auch zu lernen, auf sich selbst zu zählen und Rechenschaft abzulegen, um ein besserer Verwalter der eigenen Ressourcen zu werden, wie auch Mauss unterstreicht: »Ich glaube, dass wir, sofern wir unseren Wohlstand weiterentwickeln wollen, etwas anderes als reine Finanzmänner bleiben und gleichzeitig bessere Buchhalter und Verwalter werden müssen.«[16]

Während Mauss in *Die Gabe* den Austausch von Geschenken in archaischen Gesellschaften untersucht, zieht er oft sehr erhellende Analogien zu modernen Gesellschaften. Umgekehrt findet François Rachline in seiner Interpretation des Finanzkapitalismus Parallelen in der archaischen Ökonomie, deren Ziel weder die Befriedigung von Bedürfnissen noch der Besitzerwerb ist, sondern die Zirkulation von Reichtümern - was in der »Verschwendungssucht des Häuptlings« begründet ist. Laut Rachline ist die Macht der Finanzwelt, jenes Orts, an dem Schulden übertragbar und liquid werden, vergleichbar mit der Macht eines Häuptlings in der archaischen Ökonomie. Er ist ein vorübergehendes Bindeglied, eine Art Durchgangsstation für Reichtümer, während sein eigentlicher Besitz gering ist. »Der Häuptling besitzt nicht, er beeinflusst«[17], schreibt Rachline. Auch in der modernen Ökonomie wird der tatsächliche Vermögenserwerb zur Nebensache. Wichtiger ist der Vermögensfluss oder, genauer gesagt, der allgemeine Glaube, dass die Vermögen im Umlauf sind. Die Aufnahme von Schulden produziert ein Ungleichgewicht, das diesen Vermögensfluss überhaupt erst in Gang setzt. Die Belebung der Finanzmärkte, eine der Hauptdomänen des modernen Kapitalismus, veranschaulicht diesen Prozess sehr gut. Dank dieses Phänomens ist der Umlauf von Vermögen beträchtlich gestiegen, und die Funktionsweise der Wirtschaft gleicht immer mehr einem unbegrenzten Handel mit Schulden.

Die Gesellschaftsschuld und ihr Preis

Die Entwicklung der Marktwirtschaft ist Teil einer allgemeinen Wandlung sozialer Bindungen und Identitätskonstruktionen mit der Tendenz zwischenmenschliche Beziehungen in Geldwerten zu bemessen und Menschen als Ware zu betrachten. Der Kapitalismus ist dazu bestimmt, alles in ein

Produkt zu verwandeln. Er dringt in Bereiche vor, die bislang der großen Warenzirkulation mehr oder weniger vorenthalten blieben, wie Bildung, Kultur oder Familienverhältnisse und gefährdet so den Prozess der Weitergabe von Generation zu Generation. Der Mensch wird selbst auf brutale Art zur Ware, wie einige irritierende Ausdrücke wie »Humanressourcen«, »Humankapital« oder »Personalkosten« bezeugen. Die Logik des Markts schafft eine Welt, in der die symbolische Schuld, die in der Übernahme eines moralischen und kulturellen Erbes gründet, an Bedeutung verliert. Dem Gedanken einer symbolischen Schuld neue Geltung zu verschaffen heißt nicht nur, eine Sphäre des menschlichen Lebens zu schützen, die keiner Warenlogik folgt, sondern auch dem, was soziale Bindungen schafft, Vorrang vor einer reinen Wertschätzung des Kapitals einzuräumen. Denn tatsächlich ist das, was Einzelpersonen untereinander verbindet und bewirkt, dass diese eine gemeinsame Geschichte und ein gemeinsames Erbe haben, eine symbolische Schuld, eine Verpflichtung, die zu erfüllen ist, ein Versprechen, das zu halten, und eine Verantwortung, die zu übernehmen ist.

Das Eingeständnis einer symbolischen Schuld berührt jedoch die Empfindlichkeiten von Modernisten und weckt Misstrauen bei politischen Anthropologen, weil es zwei Postulate einer freien und gerechten Gesellschaft infrage zu stellen scheint: die Forderung des Individuums nach Autonomie und Selbstverwirklichung sowie das Streben nach Gleichheit. Tatsächlich verursachen Schulden von Natur aus ungleiche Abhängigkeitsverhältnisse und werden deshalb als Quelle von Selbstentfremdungsgefühlen wahrgenommen. Dennoch dürfen die Möglichkeit, Beziehungen von Gleich zu Gleich zu unterhalten, und die Forderung nach Unabhängigkeit und Selbstverwirklichung nicht die einzigen Kriterien zur Bewertung von Menschen in einer Gesellschaft sein. Der Mensch bedarf zur Entwicklung und Erlangung seiner Unabhängigkeit eines Lebensmittelpunkts, wo er zunächst empfängt und später gibt. Schulden stehen Unabhängigkeitsbestrebungen nicht im Wege. Sie erinnern nur an die Schwäche und konstitutive Unfertigkeit des Menschen und an sein Bedürfnis, einer Gesellschaft anzugehören, die Funktionen des Schutzes und der Mittelverteilung übernimmt. Letztlich muss jeder in seinem Leben Gläubiger und Schuldner zugleich sein. Ein Einzelner hängt von anderen als ihm selbst ab, und andere sind von ihm abhängig. Alle sind durch diese Kette zusammengehalten, deren Glieder wechselseitige Schulden sind. Niemand kann der alleinige Gläubiger von allen sein, und niemand kann der einzige Schuldner sein oder bei allen in der Pflicht stehen. Das Eingeständnis, beieinander in der Schuld zu stehen, trägt zu einem neuen Verständnis sozialer Beziehungen bei: Ihr Gleichgewicht kippt permanent, und die gegenseitige Abhängigkeit bewirkt, dass aktive und passive Rolle in einer Beziehung wechseln. Die gegenseitige Abhängigkeit verpflichtet zu einer gemeinsamen Verantwortung und einer Bündelung der Kräfte, begründet kooperatives Verhalten und schränkt individualistische Exzesse schon im Ansatz ein.

Historisch gesehen wurden Anspruchs- und Teilhaberrechte gegenüber dem Staat erst später den Freiheitsrechten, wie sie nach der Französischen Revolution garantiert wurden, hinzugefügt, denn individuelle Freiheit genügt nicht, um das Wohlergehen aller sicherzustellen. Die Gewährung von Hilfeleistungen stellt »eine unverletzbare, heilige Schuld« der Nation dar. Denn angesichts der ungleichen Autonomiebefähigungen und der prekären Versorgungslage Einzelner drängte sich eine Institutionalisierung der gesellschaftlichen Schuld auf. Die Finanzkrise und die Individualisierung haben nun eine Neufassung derselben nötig gemacht;

einem Vorschlag von Amartya Sen zufolge könnte sich diese in einem Sozialpakt äußern, der die Autonomie des Einzelnen und gemeinschaftliche Bindungen miteinander in Einklang brächte, indem er die jeweiligen individuellen Fähigkeiten besser berücksichtigt und sich beispielsweise auf aktuelle Netzwerk-Ansätze stützt, um den Ausgeschlossensten zu helfen, wieder Beziehungen anzuknüpfen. Wie der indische Wirtschaftswissenschaftler überzeugend beschreibt, kann sich Sozialpolitik nicht auf die Zuteilung finanzieller Hilfen beschränken, und ein Individuum, das unter manchen Bedingungen unfähig ist, seine Fähigkeiten zu entwickeln, kann in einem geeigneteren Kontext sehr wohl seine volle Größe entfalten. Die Gesellschaftsschuld bezeichnet nicht nur die Verpflichtungen des Staats gegenüber seinen Bürgern, sondern das, was die gesamte Gesellschaft jedem ihrer Mitglieder schuldig ist. Sie bringt also die Anerkennung der Gemeinschaft für den Beitrag und die Leistungen jedes Einzelnen zum Ausdruck. In einer Krisensituation bekräftigt sie auf verschiedene Weise die gemeinschaftliche Verantwortung gegenüber den schwächeren Mitgliedern des sozialen Körpers: in Form eines gerechteren Steuersystems, eines Kampfs gegen Steuerflucht, der Festsetzung einer Einkommensobergrenze und, ganz allgemein, durch eine Haltung des Anstands, die der zügellosen Verfolgung ausschließlich eigener Interessen und Genüsse widersteht.

Leider hat die Institutionalisierung der Gesellschaftsschuld zu oft eine bürokratische oder übermäßig etatistische Form angenommen und so einer liberalen Kritik Vorschub geleistet, der zufolge der Gedanke einer gesellschaftlichen Verpflichtung systematisch die Autonomiebefähigungen der Einzelnen lähme und eine Gemeinschaft von Sozialhilfeempfängern schaffe, die vom Staat unterjocht würden. Vom praktischen Standpunkt aus betrachtet darf deshalb das Eingeständnis gesellschaftlicher, nicht »vermarktbarer« Schulden nicht mit einer Verteidigung des Etatismus im Umgang mit der Staatsverschuldung verwechselt werden. Hier muss die Idee des Subsidiaritätsprinzips gründlicher ausgearbeitet werden. Denn diese ist mit der Vorstellung eines Staats verbunden, der eine den tatsächlichen Bedürfnissen besser entsprechende, breit gefächerte und dezentralisierte Unterstützung garantiert und die Autonomie Einzelner mit Gemeinschaftsinteressen sowie die individuelle Verantwortung mit der Schuld der Gesellschaft zu verknüpfen vermag. Ein solches Konzept würde erlauben, die Prekarität auf wirkungsvollere Weise zu bekämpfen, ohne der liberalen Kritik nachzugeben, die Empfänger staatlicher Hilfen zunehmend stigmatisiert und Ausgeschlossene somit doppelt bestraft, als verdankten nur sie allein der Gesellschaft etwas. Die liberale Kritik an Sozialhilfe verkehrt den Sinn der Gesellschaftsschuld, indem sie Arbeitslose und Empfänger staatlicher Hilfen die gesamte Last ihres Ausgegrenztseins allein tragen lässt. Sicher gibt es Schuldenbeziehungen, die entfremdende Abhängigkeitsformen herausbilden und soziale Beziehungen pervertieren. Aber es gibt auch Schuldenverhältnisse, die, während sie gleichzeitig das prinzipielle Ungenügen freier Initiative deutlich machen, stimulierend wirken und die Mittellosesten ermutigen, ihren Platz und ihre Würde in der Gesellschaft wiederzufinden.

Die Grunderfahrung des Verschuldetseins

Die Schuldenlast mit ihren realen und symbolischen Kosten bremst weder die Dynamik zwischenmenschlicher Beziehungen aus, noch überschattet sie die Bedeutung des Gebens. Doch muss zwischen einem negativen und einem positiven Aspekt von Schulden unterschieden werden. Sind Schulden nämlich untilgbar, weil grenzenlos, dann drohen sie Einzelne in einem zerstörerischen Schuldgefühl gefangen zu nehmen und unsere Gesellschaften in den Zerfall zu treiben. Andererseits gibt es eine Grunderfahrung des Verschuldetseins. Sie ist nicht in der Souveränität des Individuums begründet, sondern in seiner fragilen Beziehung zu anderen und zur Dimension der Zeit. Die Befähigung, das eigene Leben selbst zu gestalten, entsteht mit der Anerkennung dieser Schuld, anders gesagt, mit dem Eingeständnis der persönlichen Schwäche und der nachfolgenden Entdeckung der Fähigkeit zu empfangen und zu wachsen, um zu dem oder der zu werden, der oder die man ist. »Was aber haben wir, das wir nicht von dir empfangen haben?«[18] Augustinus' Frage bezeichnet eine ursprüngliche Schuld, die uns nicht einfach zu insolventen Schuldnern, sondern in einer grundsätzlichen Weise zu Erben macht, zu Wesen, die ihr ganzes Leben lang aufgefordert sind, für alles, was sie bekommen, Verantwortung zu übernehmen, indem sie sich ihr Erbe zu eigen machen, um wiederum das Beste von sich selbst zu geben. Die Lektüre des *Gleichnisses von den anvertrauten Talenten* ist eine gute Einführung in die positive und negative Fracht von Schulden. Denn die Bibelgeschichte lässt verstehen, wie sich eine Schuld als eine für den Akt der Weitergabe zentrale Lebensbindung auch in ein tödliches Abschnüren verwandeln kann, wenn sie auf eine machtgeprägte Herr-Knecht-Beziehung verkürzt wird.

Das Gleichnis von den anvertrauten Talenten[19] *oder das Vermächtnis symbolischer Schulden*

Ein Mann verteilt, bevor er sich auf Reisen begibt, sein Vermögen unter seinen Dienern: Dem einen gibt er fünf Talente, dem anderen zwei und einem dritten ein Talent, »jedem nach seinen Fähigkeiten«. Er bricht auf, ohne den Zeitpunkt seiner Rückkehr zu bestimmen. »Nach langer Zeit« kommt er zurück, »um von den Dienern Rechenschaft zu verlangen«. Der erste und der zweite Diener haben ihren Anteil verdoppelt, der dritte dagegen hat sein Talent in der Erde vergraben aufbewahrt, ohne Kapital daraus zu schlagen. Der Herr zeigt sich seinen ersten beiden Dienern, die gut gewirkt haben, erkenntlich; er lässt sie »an seiner Freude teilnehmen«, ohne einen Unterschied zwischen dem ersten Diener zu machen, der nun zehn Talente besitzt, und dem zweiten, der vier herausbekommen hat. Dagegen verurteilt er den dritten Diener scharf und wirft ihn als »Nichtsnutz« hinaus »in die äußerste Finsternis«, da er nichts »gegeben« habe. Dieses Gleichnis überrascht, verunsichert und bestürzt in mehreren Hinsichten. Warum kommt der Herr, der seinen Dienern sein Vermögen in Verwahrung gibt und ohne ein Wort abreist, später zurück und verlangt Rechenschaft? Warum überlässt er nicht jedem dieselbe Summe? Warum verurteilt er so gnadenlos den ärmsten der drei, denjenigen, der von vornherein die wenigsten Talente besitzt, und belohnt den reichsten, der am besten gestellt ist? Zeichnet sich in diesem Gleichnis das Bild Gottes als eines grausamen, eifersüchtigen Gläubigers ab statt das eines großzügigen, barmherzigen Spenders? Oder ist die Moral von der Geschichte etwa als Anleitung zu verstehen, die von Gott empfangenen Gaben gewinnbringend zu nutzen und damit einer merkantilen Logik zu folgen, die Reiche begünstigt und Arme ausschließt? Nein, ein Gleichnis lässt sich nicht einfach auf eine Moral verkürzen, seine Bedeutung bleibt offen.

Das *Gleichnis von den anvertrauten Talenten*, das auf Metaphern der Schuld, der Gläubiger/Schuldner-Beziehung und der Rechenschaft zurückgreift, gibt vor allem Fragen zum Rätsel der Schuld mit ihren positiven und negativen Kehrseiten auf. Wenn der Herr seinen Besitz zur Verwaltung verteilt, handelt es sich nicht wirklich um eine Gabe ohne Erwartung einer Gegengabe, sondern um eine Gabe, die eine Schuld erzeugt, da der Herr ja zurückkommt und Rechenschaft fordert. Dennoch ist nicht von Schulden in einem wirtschaftlichen Sinn die Rede, denn der Herr fordert nicht, sein Geld solle ihm zurückgezahlt werden. Indem er sich seines Geldes freiwillig entledigt, ohne eine Rückgabe in gleicher Form oder mit Zinsen zu verlangen, gibt er es *hin*. Er bezweckt nicht, Profit aus seiner Gabe zu schlagen. Aber es handelt sich um ein Geschenk, das eine symbolische Schuld erzeugt. Denn wenn der Herr auch nicht die Rückgabe seines Geldes verlangt, so fordert er doch Rechenschaft; er will sehen, was seine Gabe »ergeben« hat und ob seine Diener gut gewirkt haben. Die zwei Diener, die genauso viel zurückgeben, wie sie bekommen haben, sind diejenigen, die zu empfangen verstehen. Um etwas zu geben, muss man zunächst einmal zu nehmen wissen. Die Position des Nehmenden lässt sich nicht auf die Passivität desjenigen reduzieren, der sich damit zufriedengibt, das einzulagern, was ihm »eigentlich« nicht gehört. Sie besteht darin, sich das Geschenk »nach seinen Fähigkeiten« anzueignen, um einen zusätzlichen, persönlichen Gewinn daraus zu ziehen: »Herr, fünf Talente *hast du mir gegeben;* sieh her, *ich habe* noch fünf *dazugewonnen.*« Es ist nicht die Summe an erhaltenen Talenten, die zählt, sondern das, was der Empfänger daraus macht und womit er seine »Güte« und »Treue« beweist. Wie der Herr gibt der »gute« Diener etwas »Eigenes«. Die Gabe und die damit verursachte Schuld betreffen weniger sein Haben als sein Sein. Die Gabe ist mit der Schuld verknüpft, denn sowohl für das, was man bekommt, als auch für das, was man gibt, muss man sich verantworten, um übermäßiges Geben wie Nehmen zu verhindern. Eine solche Gabe ist keine einseitige Geste – als solche könnte sie erdrückend sein –, sondern sie bewegt den Empfänger dazu, seinerseits etwas von seiner Person zu geben, und verwandelt die Machtbeziehung zwischen Herrn und Diener in ein Verhältnis, das von gegenseitiger Dankbarkeit geprägt ist. In der Folge gibt es keinen Herrn und keinen Diener mehr, sondern nur noch den Akt der Weitergabe, bei dem jeder mit dem anderen »die Freude« teilt, in freier Hingabe seiner selbst zu leben.

Der schlechte Diener ist derjenige, der nicht zu nehmen versteht, weil er glaubt, seinen Herrn als »einen strengen Mann« zu kennen. Er glaubt nicht, es bei seinem Talent mit einem Geschenk zu tun zu haben, denn er hält seinen Herrn für einen grausamen Gläubiger, der sein Vermögen eifersüchtig hütet: »Herr, ich wusste, dass du ein strenger Mann bist; du erntest, wo du nicht gesät hast, und sammelst, wo du nicht ausgestreut hast; weil ich Angst hatte, habe ich dein Geld in der Erde versteckt. *Hier hast du es wieder.*« Der Herr verurteilt den schlechten Diener als »Nichtsnutz«, weil er nichts Eigenes zurückgibt und das Risiko eines Geschenks selber nicht eingeht. Die Angst und der Mangel an Vertrauen und Glauben in den Herrn hindern den Diener daran, die Gabe anzunehmen und zu erwidern.

Er eignet sich das Talent nicht an, sondern vergräbt und verwahrt es, um es später seinem Herrn zurückzugeben. Wer aber sein Talent vergräbt, um es nicht zu verlieren, lehnt die Gabe ab und missachtet die geschenkte Zeit. Denn der Herr schenkt seinen Dienern nicht nur Geld, sondern auch Zeit. Die geschenkte Zeit ist »lang«, aber sie ist nicht unendlich, sie ist gezählt, denn das Leben ist endlich. Der Herr bleibt also »eine lange Zeit« weg, um seinen Dienern Gelegenheit zu geben, eigenständig zu handeln und das Erbe Früchte tragen zu lassen.

Der schlechte Diener schlägt mit seiner Geste sowohl das Geschenk aus als auch die Zeit; er fürchtet die Ungewissheiten, die die geschenkte Zeit birgt, und das Risiko, die Hinterlassenschaft könne Schaden nehmen oder verloren gehen. Er bleibt in einer Gläubiger/Schuldner-Beziehung und in der Angst gefangen, im Fall von Verlust oder Wertminderung das erhaltene Vermögen nicht wie ein wertgleich zurückzuzahlendes Darlehen wiedererstatten zu können. Schulden führen leicht in Knechtschaft, Gefangenschaft oder Selbstentfremdung, wenn sie mit der Angst vor der Insolvenz wahrgenommen werden. Die Angst, das wenige, was er hat, zu verlieren und seinerseits nichts zurückzugeben zu haben, wirft den Mann auf den Zustand eines ewigen Schuldners zurück. Auch wenn man im Neuen Testament vielfach ein Vokabular von Schuld und Schuldenerlass als Metaphern für Sünde und Vergebung findet, sind doch die einzigen wirklichen Schulden, die man hat, die der gegenseitigen Liebe, denn die Liebe bewegt dazu, für das einzustehen, was man empfängt und gibt: »Bleibt niemand etwas schuldig; nur die Liebe schuldet ihr einander immer. Wer den andern liebt, hat das Gesetz erfüllt.«[20] Wenn Schulden nicht zum Zurückgeben führen, nehmen sie den Schuldner in einem krankhaften Schuldgefühl mit seinem gerüttelten Maß an »Tränen« und »Zähneknirschen« gefangen. Nur der, der liebt, ist tatsächlich auf ewig verschuldet, doch diese Schulden werden ohne Schuldgefühle abgezahlt, denn sie spiegeln die Freude über eine Gabe, die sicher nicht alle Wünsche erfüllt, aber unerschöpflich ist.

Bleibt das Rätsel von der Ungleichheit der erhaltenen Anteile, das uns heute größtenteils unverständlich ist, da es unserem tiefen Wunsch nach Gleichheit zu widersprechen scheint und die Welt in von Geburt an Gut- und Schlechtgestellte teilt. Wie kann man die Ungerechtigkeit dieser Ausgangssituation hinnehmen? Wie können sich die Diener als Brüder betrachten, wenn der eine mehr Talente besitzt als die anderen? Nicht jedem steht das Gleiche zur Verfügung, und die Ungleichheit der Anteile schafft eine permanente Unausgewogenheit, die mal Ansporn, mal Neid weckt. Wir haben keinen Einfluss auf unseren ursprünglichen Anteil, der uns zufällt wie ein Lottogewinn und mit dem wir uns abfinden müssen. Ist es ein Fluch oder eine Gnade, die uns zuteilwird? Gequält von der Angst, das einzige Talent zu verlieren, das er erhalten hat, spart sich der Diener sein Leben auf und wagt nicht, etwas Eigenes zu geben. Doch indem er das Schlimmste verhindern will, nämlich das wenige, was er hat, zu verlieren, provoziert er stattdessen seine Verfluchung, nämlich die, kein eigenes Geschenk zu machen. Die Angst vor dem Tod beschäftigt ihn die gesamte Zeit, die ihm gegeben ist, und er bleibt in einer schwermütigen Lebensauffassung stecken, gelähmt von Vorsichtsmaßnahmen und der Vorstellung eines minimalen Risikos. Der Wert des Erbes bemisst sich nicht an der Anzahl an Gaben, die wir erhalten, sondern an dem, was wir aus jenem Anteil machen, der uns zukommt. In diesem Sinn ist das Gleichnis von den anvertrauten Talenten parallel zum Gleichnis von den Arbeitern im Weinberg[21] zu lesen: Die Arbeiter, die nur eine Stunde gearbeitet haben, verdienen genauso viel wie jene, die seit

Tagesanbruch gearbeitet haben. Das Gleichnis lädt dazu ein, sich von der Obsession einer Gleichheit um jeden Preis zu befreien. Stattdessen gilt es, den höheren Wert der Fülle an Gaben zu erkennen, die jedem zur Verfügung stehen. Entsprechend wird von den Dienern nicht verlangt, dieselbe Summe zurückzugeben, schließlich stand ihnen ursprünglich nicht derselbe Anteil zur Verfügung, sondern so viel zurückzugeben, wie sie bekommen haben. Selbst etwas zu geben bedeutet, das Risiko einzugehen, etwas zu verlieren, den erhaltenen Teil nicht unverändert aufzusparen, sondern zu akzeptieren, dass die Zeit den ursprünglichen Anteil ständig verwandelt und aufs Spiel setzt. Die Positionen Herr oder Diener und das System von Rang und Anteil sind nicht festgelegt. Jedem von uns ist aufgegeben, die Dynamik der Weitergabe mitzubefördern, zum Sohn zu werden und das Kind in sich wie ein Talent anzunehmen, das einem als Erbteil anvertraut wurde.

Die Existenz einer ursprünglichen Schuld

Die Existenz einer ursprünglichen Schuld verweist den Menschen auf seine Endlichkeit und seine konstitutive Unvollkommenheit. Der Gedanke einer solchen ursprünglichen Schuld ist in allen Religionen anzutreffen, denn sie ist es, die Menschen und Götter sowie die Generationen untereinander »zurück-bindet« (*re-ligere*). Die Idee der ursprünglichen Schuld geht davon aus, dass der Mensch nicht selbst Urheber seines Lebens ist und sich nicht zum Schöpfer seiner selbst erklären kann. Schon vor jeder konkreten Kreditaufnahme wird der Mensch als Erbe und Schuldner geboren. Die Existenz ursprünglicher Schulden drückt eine Abhängigkeitsbeziehung aus, bei der man zunächst empfängt, um dann sich selbst verschenkend leben zu können. Diese Abhängigkeit umfasst zum Beispiel im Bereich der Sprache den fundamentalen Akt, einen Namen zu erhalten, bevor man selbst sprechen kann: Ich empfange bei der Geburt einen Namen, der mich dazu aufruft, als einzigartiges Wesen unter anderen zu leben. Die Vorgängigkeit der Namensgebung, die Tatsache, benannt zu werden, erfordert die Stimme eines anderen, um selber leben und zu einem eigenen Ich werden zu können.

Die Anerkennung einer ursprünglichen Schuld stellt die Souveränität des Subjekts infrage, die der Moralvorstellung seit Kant und der Versuchung einer Selbstbegründung zugrunde liegt, wie sie im modernen Individualismus zu finden ist. Sie stützt sich auf die Arbeit von Émile Benveniste, der in *Indoeuropäische Institutionen: Wortschatz, Geschichte, Funktionen*[22] eine etymologische Untersuchung der Begriffe »Schuld« (*dette*) und »Schuldigkeit« (*devoir*) vornimmt, um zu zeigen, dass beide nicht nur ineinandergreifen, sondern die materielle Schuld sich zudem aus einer wesenhafteren Schuld herleitet. Die strikt materielle Bedeutung des Begriffs »Schuld« bildete sich demzufolge erst allmählich durch Spezifikation heraus, während er ursprünglich einer komplexeren moralischen und religiösen Vorstellungsordnung angehörte: »[Es] soll gezeigt werden, wie sich unabhängig voneinander in mehreren Sprachen – im Iranischen, Lateinischen, Gotischen und Griechischen – korrelierende Fachwörter für ›Schuld‹, ›Darlehen‹ und ›Anleihe‹ durch Spezifizierung und Differenzierung allgemeinerer oder einem anderen Vorstellungsbereich angehörender Wörter herausgebildet haben.«[23] So arbeitet Benveniste die Verwandtschaft zwischen Schuldigkeit und Schulden heraus, um auf die Verpflichtung zu einer Gegengabe hinzuweisen und deutlich zu machen, wie sich der Begriff Schulden mit dem Geldverleih auf Zinsbasis langsam von dem der Schuldigkeit entfernt, da er dabei eine spezifisch ökonomische Bedeutung gewinnt und für den Gläubiger zum Mittel wird, sich zu bereichern. Benvenistes Auffassung von der Herkunft materieller Schulden aus der Schuldigkeit unterscheidet sich mithin fundamental von der Lesart, die Nietzsche in der *Genealogie der Moral* vorstellt.

Aus der Verwandtschaft von Schulden und Schuldigkeit beziehungsweise Schuld und Verschulden – der deutsche Terminus *schuldig* bezeichnet sowohl den *Schuldner* als auch den *Schuldigen* – folgert Nietzsche, dass sich moralische Empfindungen wie Pflicht und Schuld aus einer archaischen Gläubiger/Schuldner-Ökonomie herleiten lassen: »Haben sich diese bisherigen Genealogen der Moral auch nur von Ferne Etwas davon träumen lassen, dass zum Beispiel jener moralische Hauptbegriff ›Schuld‹ seine Herkunft aus dem sehr materiellen Begriff ›Schulden‹ genommen hat?«[24] Nietzsche gesteht dem Begriff Schuld also eine ausschließlich materielle, ökonomische und juristische Bedeutung zu; seine Übertragung in die Sphäre der Moral durch die Konzepte Schuldigkeit und Verschulden wird als Ergebnis einer Verinnerlichung und Perversion betrachtet, die nur die Herausbildung des schlechten Gewissens bezwecke. Der Begriff Schuld ist für Nietzsche einzig im Rahmen einer archaischen Ökonomie der vormoralischen Epoche von Wert. Denn Nietzsche zufolge entstammt das Gläubiger/Schuldner-Verhältnis der urzeitlichen »Sittlichkeit der Sitte«. Es ist das »älteste und ursprünglichste« Verhältnis des Menschen zum Menschen: »Hier m a s s sich zuerst Person an Person.«[25] Das Konzept des verschuldeten Menschen ist nur eine Brücke, die die Dressur des verantwortungsvollen Menschen erlaubt, der fähig ist, Versprechen zu halten. Aber diese Brücke ist dazu bestimmt, überwunden zu werden, um beim Übermenschen anzugelangen, der von jeder Schuld befreit und fähig ist, sich selbst sein eigenes Maß zu sein.

Folgt man dagegen der Spur Benvenistes[26], zeigt die etymologische Untersuchung des Begriffs Schuld, dass dieser eine grundlegende anthropologische, moralische und religiöse Bedeutung hat und von Anfang an über ein rein ökonomisches und juristisches Verständnis hinausgeht. Viele Etymologen heben die Entsprechung der Begriffe »Gläubiger« und »Glaube« hervor, die sich aus der gemeinsamen Wurzel mit dem Verb *glauben* herleitet als dem Vertrauen, das der Gläubige in die Götter setzt, von denen er Schutz und Hilfe erwartet. Das arabische *Dîn* bezeichnet sowohl die »Religion« und den »Kult« als auch die »Schuld«; beide Homonyme entspringen der Wurzel *d.'â.n*, deren ursprüngliche Bedeutung ist: »Schuldner sein oder zum Schuldner werden, sich verschulden; leihen«.[27] In der Bibel stehen die Begriffe Schuld und Schuldenerlass häufig für Sühne und Vergebung. Bezeichnen sie rein materielle Schulden, dann nur, um ganz allgemein Wucher zu verurteilen oder das Verleihen mit Zinsen auf Beziehungen mit Fremden zu beschränken und es für den Handel mit den eigenen Nächsten zu verbieten.[28] Viel grundsätzlicher jedoch verweisen sie auf die Existenz einer fundamentalen symbolischen Schuld, die in dem Opfer Jesu für die Christenheit ihren Höhepunkt erreicht und gleichzeitig Hoffnung auf eine Befreiung von dieser weckt, wie Nietzsche selbst sehr wohl erkannte.

Die Essays von Charles Malamoud zum Begriff der Schuld im vedischen Ritual erlauben, Benvenistes These noch einmal aufzugreifen und zu untermauern. Malamoud unterstreicht, dass die materielle Schuld, die aus der Weitergabe von Gütern resultiert, Sinnbild einer angeborenen Schuld sei. Das brahmanische System der verschiedenen Schulden bezeuge, dass die Beziehungen zwischen den Generationen sowie zwischen Menschen und Göttern noch nicht einem Tauschsystem angehören, das auf Gleichheit und Gegenseitigkeit beruht. Malamoud weist für den Brahmanismus die Existenz einer »Theologie der Schuld« nach, der zufolge das Menschsein grundsätzlich durch Schulden definiert ist, weil der Mensch an seine Ahnen und die Götter gebunden und sterblich ist. Dem Menschen eignet von Geburt an der Status eines Schuldners, und sein wichtigster Gläubiger ist Yama, der Gott des Todes: »Der Brahmanismus«, schreibt Malamoud, »erinnert uns immer wieder daran, dass ›etwas schulden‹ vor allem ›den Tod schulden‹ ist.« »Die materielle Schuld ist ein Sinnbild, eine besondere Bekundung der angeborenen Schuld, das heißt letztlich der Tatsache, dass der Mensch sterblich ist.«[29] Malamouds Arbeiten wollen an eine Grunderfahrung von Schuld erinnern, die über die Domäne der Ökonomie hinausweist und sich sogar außerhalb von materieller und moralischer Schuld bewegt.

Statt blasse Metapher für Schuldigkeit oder Verschulden zu sein, erweist sich die Schuld als eine Grunderfahrung, die ursprünglicher ist als die des Schuld*gefühls*, das heißt der moralischen Schuld. Während die Kategorie der Schuld die Endlichkeit des Menschen bezeichnet, bildet die moralische Schuld keine Einheit mit der Natur des Menschen, sondern stellt nur eine seiner Seinsmöglichkeiten dar. Die Schuld hat keinen Ursprung, sie ist selbst ursprünglich; sie kann nicht erklärt werden, sondern erklärt ihrerseits das menschliche Los. Auch in der christlichen Ordnung ist der Mensch bereits von Geburt an Schuldner; die Schuld bezeichnet die Grundsituation des Menschen vor Gott, ein elementares Ereignis, das im Mythos vom Sündenfall symbolisiert ist. Die ursprüngliche Verschuldung ist Zeichen eines Mangels an Sein, der etwas anderes ist als mangelhaftes Sein. Der Gedanke des Seinsmangels geht davon aus, dass der Mensch nicht zufällig mit Schulden beladen ist, sondern dass diese konstitutiv für das Menschsein sind.

Ich bin meinem Ursprung, meiner Zukunft und meinem Tod etwas schuldig. Diese Grunderfahrung von Schuld verweist jeden Menschen auf ein ursprüngliches Ent-eignetsein vom eigenen Leben, das in der Tatsache, lebendig und sterblich zu sein, begründet ist. Dieses ursprüngliche Enteignetsein ist Ort eines Mangels, einer Unvollkommenheit und Passivität. Aber es ist auch Ort des Begehrens, der Öffnung zum anderen hin und der Weitergabe von Leben. Die Schuld steht dem Begehren nicht entgegen, sie verdammt den Menschen nicht dazu, wunsch- und willenlos zu werden. Ganz im Gegenteil, sie formuliert den radikalen Wunsch zu leben und bezeichnet dessen Preis: die Akzeptanz des Todes. Die Todesschuld steht nicht notwendig allen Möglichkeiten des Lebens entgegen. Sie verleiht der Endlichkeit des Lebens auch das Gewicht der Wahrheit und beglaubigt das Bemühen, »bis zum Tod lebendig zu sein«[30], um eine Formulierung von Paul Ricœur aufzugreifen.

Die Schuld erhält somit eine grundlegende anthropologische Dimension. Sie bezeugt die Endlichkeit des Menschen und einen Seinsmangel, der die Präsenz anderer erforderlich macht, um leben und man selbst werden zu können: Ich empfange das Leben und einen Namen, der mich dazu aufruft, als lebendiges Subjekt zu existieren. Diese Abhängigkeit ist nicht bestimmten Umständen geschuldet, sondern wesenhaft. Sie ist eine »Lebensbindung«, die sich in jedem Moment in ein »tödliches Abschnüren« verwandeln kann: Derselbe, von dem ich das Leben empfange, kann mir auch den Tod geben oder mir ein eigenständiges Leben verweigern. Die Ethik muss diese erschreckenden Möglichkeiten von Gewalt und extremer Verletzlichkeit des Menschen einkalkulieren.

Die Schuld bringt insofern eine ambivalente Beziehung zum Ausdruck, als sie auf einem Verhältnis der Abhängigkeit und Ungleichheit zwischen

Geber und Schuldner beruht. Ist dieses Abhängigkeitsverhältnis auf Vertrauen gegründet, erinnert es beide Seiten daran, dass es eines anderen bedarf, um man selbst sein zu können. Verwandelt es sich jedoch in eine Machtbeziehung, dann erzeugt es ein Gefühl der Entfremdung und hindert den Menschen daran, sich eine eigene Identität zu bilden. Grundsätzlich impliziert jede Schuld eine Berechnung, die die Grenzen dafür setzt, was geschuldet wird, und schafft damit die Möglichkeit, die Schuld auch abzutragen. Dennoch kann eine Schuld in einem Machtverhältnis auch unbezahlbar werden, weil sie grenzenlos wird. Die Schuld ist insofern ein fruchtbarer Begriff, weil sie uns die Ambivalenz jeder menschlichen Bindung vor Augen führt: Sie kann »lebendige Bindung« sein, was gegenseitige Hilfe, Solidarität und Rücksicht auf die Bedürfnisse des anderen voraussetzt, oder »tödliche Bande«[31], wenn Macht missbraucht und Freiheit und Würde des anderen negiert werden.

Wenn das Subjekt unserer Demokratien lernen kann und muss, sich seine Autonomie zu erobern, so wird es doch niemals unabhängig und autark sein. Gleichwohl ist es sich nicht selbst entfremdet, nur weil es von anderen abhängig ist. Die Logik der Selbstentfremdung folgt der einer Enteignung, die das Subjekt unfähig macht, aus sich selbst heraus und durch sich selbst zu existieren. Sie bezeichnet den Bankrott des Subjekts. Die Abhängigkeit dagegen widersetzt sich lediglich der Idee einer Souveränität des Subjekts und ihrem Prinzip der Selbstgenügsamkeit. Der Alterität wird ein grundlegender Status zugesprochen. Sie bezeichnet nicht den Verzicht des Subjekts, es selbst zu sein, sondern eine Weigerung, diesem eine Vorrangstellung einzuräumen.

Obwohl sich frühere Zugehörigkeiten in den zeitgenössischen westlichen Gesellschaften auflösen, bleibt die Familie ein Ort, an dem die Vorstellung, einander etwas zu schulden, eine lebendige Bedeutung bewahrt, denn sie bringt Einzelpersonen dazu, von sich abzusehen, um untereinander verpflichtende Bindungen einzugehen. Die Familie erinnert an das Ausmaß dieser Schuld, die den Menschen von Kindheit an prägt. Weil der Mensch ständig von seiner Kindheit eingeholt wird, ist er auf eine Abhängigkeit verwiesen, die nicht von Umständen bestimmt, sondern strukturell ist, ohne deshalb schon Entfremdung zu bedeuten. Die ursprüngliche Gabe der Familie stellt sich als eine Leihgabe dar, die ständig erneuert wird, als ein Vorschuss an Mitteln, damit der andere, der von einem kommt, für sich selbst geboren werden kann, um sich dann seinerseits zu verschenken. In der familiären Konstellation und insbesondere in der ersten Bindung zur Mutter bildet sich die Fähigkeit aus, Beziehungen einzugehen, zu begehren und zu lieben. Doch innerhalb dieser Abhängigkeitsbeziehung wird gleichzeitig durch das Bewusstsein dessen, was das Kind von seiner Mutter trennt, Freiheit geboren. Die verschiedenen Arten von Brüchen, die die Familiengeschichte eines Individuums markieren, sind Ausdruck der Notwendigkeit, dieses Getrenntsein immer wieder durchzuspielen. In der Familie wird menschliche Liebe gelernt, das Getrenntsein in der Abhängigkeit und der Verzicht auf Allmacht und auf den Wunsch, zu einer Einheit zu verschmelzen.

Bilden jedoch Machtverhältnisse die Grundlage von Familienbeziehungen, drückt das Erinnern an die Schulden umgekehrt den Willen aus, den anderen zu halten und in dem Moment an sich zu binden, da die Beziehung sich zu lockern oder aufzulösen droht. Familiäre Schulden entstehen innerhalb einer Gefühlsbeziehung, denn Liebe ist sowohl Gabe als auch Verlangen. Und das Verlangen nach Liebe kennt keine Grenzen. Jede Distanznahme in der emotionalen Bindung stellt eine Gelegenheit des Loslassens und der Erziehung zu Unabhängigkeit dar. Doch wird eine solche oft als schmerzliche Erfahrung von Entzug oder Verlust, von Mangel und Verlassenheit erlebt. Das Erinnern an die Schulden offenbart dann die Angst, die Liebe des anderen zu verlieren, und drückt die Schwierigkeit aus, die Einsamkeit des eigenen Schicksals auf sich zu nehmen. Familiäre Schulden sind immer von dieser Angst beherrscht, denn in einem Eltern-Kind-Verhältnis wird das Kind wie ein Teil des eigenen Selbst, wie eine Verlängerung des eigenen Ich geliebt. Die Schulden werden thematisch, sobald das Kind seinen Wunsch nach Ablösung äußert, wenn der Traum von einer symbiotischen Einheit zerstört wird und Raum entsteht, um sich der Trennungen und Brüche bewusst zu werden.

Das besonders intensive Verhältnis zwischen Kind und Mutter bringt eine Schuld hervor – eine Lebens- und Liebesschuld. Es verweist auf eine erste Abhängigkeitserfahrung, aus der heraus das eigene Selbst wächst. Leben zu schenken, das heißt, dem Kind ein eigenes Leben zu gewähren oder, anders gesagt, zu lernen, es als ein Wesen zu verlieren, das Teil von einem selbst ist. Die Schwierigkeit in der Mutter-Kind-Beziehung rührt von dieser Trauer um die symbiotische Liebe, ohne die das Kind andererseits auch nicht wirklich zu sich selbst gelangen kann. Indem sich die Mutter selber hingibt, erweitert sie ihre Seinsmöglichkeiten und findet einen Lebenssinn, der viele andere soziale oder erotische Befriedigungen in den Schatten stellen kann. Die mütterliche Leidenschaft strukturiert die innere Identität des Kindes, denn sie gibt ihm die Gewissheit, bedingungslos geliebt zu werden. Sie kann aber auch zum Nachteil für das Kind werden, wenn dieses in einem Zustand der Abhängigkeit gehalten wird, außerhalb dessen es nur schwer Lust am Leben empfindet. Eine Selbsthingabe setzt nicht die Ausweitung der eigenen Einflussmöglichkeiten voraus, sondern den Verzicht auf ihren Vorrang. Denn das Kind, das von einem selbst kommt und das man in sich getragen hat, ist dasselbe, das man von sich ablösen und noch einmal »zur Welt« bringen muss. Die Mutter wartet nicht auf den Vater, um sich von ihrem Kind wie »von ihrem eigen Fleisch und Blut« zu trennen. Dennoch weiß sie von vornherein, dass diese Trennungsarbeit nicht leicht zu bewältigen ist und oft von einem »Dritten« unterstützt werden muss, der für sie zählt.

Die Bibelgeschichte vom salomonischen Urteil illustriert diese Notwendigkeit eines Dritten (die symbolische Figur des Vaters), um von der »wahren« Mutter »entbunden« werden zu können, derjenigen nämlich, die in das getrennte Dasein ihres Kindes einwilligt. Denn in dieser Geschichte behaupten zwei Frauen, sie seien die Mutter ein und desselben Kindes, desjenigen nämlich, das lebt, während ein anderes, totes Kind das der anderen sei. Das Urteil des Salomo macht es möglich, die »wahre« Mutter von der »falschen« zu unterscheiden: »Und der König sprach: Holet mir ein Schwert her! und da das Schwert vor den König gebracht ward, sprach der König: Teilt das lebendige Kind in zwei Teile und gebt dieser die Hälfte und jener die Hälfte. Da sprach das Weib, des Sohn lebte, zum König (denn ihr mütterliches Herz entbrannte über ihren Sohn): Ach, mein Herr, gebt ihr das Kind lebendig und tötet es nicht! Jene aber sprach: Es sei weder mein noch dein; lasst es teilen! Da antwortete der König und sprach: Gebet dieser das Kind lebendig und tötet es nicht; die ist seine Mutter.«[32] Durch die Drastik seiner Worte entlarvt König Salomo die mörderische Mutter, die das Kind nicht um seiner selbst willen, sondern als Einsatz in einem Machtspiel begehrt, und erkennt umgekehrt die wirkliche Mutter, die lieber auf ihr Kind verzichtet und sich von ihm trennt, damit es leben kann.

Auch die Bindung zum Vater ist nur dann eine, die Leben schenkt und bewahrt, wenn der Vater sich vom paternalistischen Bild des allmächtigen Clanchefs abkehrt und bereit ist, seinen Platz in der Generationenfolge an sein Kind abzutreten. Sie ist nur dann sinnhaft, wenn sie in der Weitergabe der Freude gründet, ein eigenes Ich zu werden, und der Vater nicht der Versuchung erliegt, eine unberechtigte Machtposition an sich zu reißen. Die Vaterbeziehung macht deutlich, dass man sich Tod oder Einsamkeit nicht ersparen kann, und steht für die Anstrengung, seinem Leben in Akzeptanz der eigenen Schwäche einen einzigartigen Sinn zu geben. In seinem *Brief an den Vater* gesteht Kafka seine permanenten Schwierigkeiten, das väterliche Erbe anzutreten. Er hat nicht denselben Weg gewählt wie sein Vater und erlebt diese Verschiedenheit als eine Last – nämlich die einer untilgbaren Schuld und eines ewigen Schuldgefühls: »Wieder hatte man einmal, so schien es dem Kind, das Leben durch Deine Gnade behalten und trug es als Dein unverdientes Geschenk weiter.«[33] Kafka leidet an der Willkür des väterlichen Gesetzes, die sich in blinder Machtausübung äußert und ihn für nichtswürdig erklärt, weil der Vater die Unterschiedlichkeit als Verrat erlebt. Doch Kafkas *Brief an den Vater* ist keine Abrechnung mit diesem; vielmehr spiegelt sich darin das klare Bewusstsein einer beiderseitigen Verzweiflung: der Schwierigkeit, man selbst zu sein. Kafka entmystifiziert die väterliche Allmacht und macht sich das Schmarotzertum des Vaters bewusst, der zwar die Anerkennung seiner Überlegenheit zum Leben braucht, es aber selbst nicht verstanden hat, das Gesetz der Väter weiterzugeben, nämlich die jüdische Tradition zu pflegen. Der Vater beraubt seinen Sohn der Freiheit, die er sich selbst nicht zu erobern wusste, und versperrt ihm den Zugang zu einem eigenen Weg, den er selbst nicht zu gehen verstand.

Die Familie ist also der erste von Grund auf widersprüchliche Ort, der das Subjekt formt und als System von Gabe und Schuld verstanden werden kann. Im Allgemeinen drückt sich das Familienideal als natürliche Solidarität aus, als eine Welt der gegenseitigen Hilfe und des wechselseitigen Beistands, die nichts von Schulden weiß. Niemand berechnet, was er gibt oder erhält, jeder lässt der Großzügigkeit freien Lauf, die der andere in ihm weckt. Die Nähe und das Gefühl, eins zu sein, entbinden von der Verpflichtung zurückzugeben und erübrigen selbst ein Sichbedanken. Das Übermaß an Geschenken in Familienbeziehungen knüpft an das grundlegende Geschenk des Lebens an. In seiner Analyse von Phänomenen des Schenkens kennzeichnet J. T. Godbout die Erfindung des Weihnachtsmannes als Ausdruck für dieses erste Geschenk: »Vielleicht wollen die ersten Geschenke, die man den Kindern macht, eine Wiederholung und Erinnerung an das Geschenk des Lebens sein, das diese empfangen haben, eine Erinnerung an diese Matrix jedes Geschenks, das man nur weitergeben, aber nicht erwidern kann. Die Geschenke des Weihnachtsmannes sind wie Schatten dieses Grundgeschenks.«[34] Aber dieses Geschenk währt nicht für immer, betont Godbout. Es ist sogar vergänglich, wie ein Wunsch oder Traum aus der Kindheit. Daher die Enttäuschung, die zu Bitterkeit wird, wenn die Kinder entdecken, dass es keinen Weihnachtsmann gibt, und sie zu ahnen beginnen, dass die reine, bedingungslose Gabe ohne Gegengabe und Verpflichtung nur ein Mythos ist. Die Geschenke des Weihnachtsmanns waren Gaben, die keines Zeichens der Anerkennung oder der Dankbarkeit bedurften. Wir konnten sie mit jenem Jubel und Zauber empfangen, die mit der Überraschung über ein uneigennütziges Geschenk ohne reale Anwesenheit des Gebers einhergehen. Wer im Beisein der Wohltäter – der Eltern – seine Dankbarkeit bezeigt, ist bereits in den Kreislauf von Tausch und Verpflichtung eingetreten.

Wir sind nur schwerlich zu einer Berechnung familiärer Schulden bereit, weil sie uns mit dem Skandal der eigennützigen Liebe konfrontieren. Dort, wo wir uns eine reine, absolute Gabe erhofften, die natürlich aus dem ersten Geschenk des Lebens folgt, entdecken wir Schulden, die uns lehren, dass es selbstloses Schenken nie gegeben hat und geben wird. Familiäre Schulden sind Ausdruck der unvermeidlichen Marktgesetzlichkeit, die das Gefühlsleben kontaminiert. Die Vorahnung, dass es einen Preis zu bezahlen geben wird, ist oft auch die Ursache für den Groll und das Aufbegehren von Jugendlichen gegen ihre Familie, die das Ideal der bedingungslosen Liebe und der uneigennützigen Gabe verrät. Und es ist unvermeidlich, dass die Eltern irgendwann schwach werden und das grenzenlose Vertrauen ihres Kindes verraten. Selbst die eigene Familie steht einem nicht das ganze Leben lang als Gläubiger zur Verfügung ohne jene Konflikte, die die Grenzen des bedingungslosen Gebens offenbaren.

Familiäre Schulden können nicht einfach auf ökonomische oder juristische Weise abgezahlt werden. Sie sind schwer zu bemessen, denn sie hängen mit dem Wert affektiver Beziehungen zusammen; zudem ist die Versuchung groß, sich gegenseitig überbieten zu wollen. Die schwierige Bemessung der familiären Schuld untergräbt Rechtsverhältnisse und ist Ursache unendlicher Konflikte und Schuldzuweisungen. Bei einer Vererbung oder Scheidung drehen sich Streitereien weniger um materielle Güter oder das aufzuteilende Geld; vielmehr werden über diese Güter Gefühle bewertet, stellen sich Personen auf die Probe und tauchen alte Rivalitäten und Verletzungen aus der Kindheit wieder auf.

Die Schuld untersteht also einer Gefühlslogik, die diese untilgbar zu machen droht, sie lässt Machtdemonstrationen ins Spiel kommen, die den Willen zum Ausdruck bringen, den anderen festzuhalten, wenn die Bindung zu reißen droht. Manchmal wird die Intervention eines Dritten, zum Beispiel eines Richters oder eines Psychologen, notwendig, damit die Familienbeziehung nicht in einer dualen, von Konflikten bestimmten Gläubiger/Schuldner-Beziehung festfährt.

Familiäre Schulden sind ihrem Wesen nach letztlich Erinnerungsschulden. Die Erinnerung an die eigene Herkunft zu wahren heißt, all jenen Dankbarkeit zu bezeigen und die zu würdigen, die uns vorausgegangen sind und uns auf unserem persönlichen Weg unterstützt haben. Jeder kann diese Erinnerungsschuld begleichen und die Bindung zwischen den Generationen mit aufrechterhalten: durch Worte, die einen Ausdruck finden für das, was passiert ist, und die der Vergangenheit Sinn verleihen, so schmerzhaft und komplex diese auch gewesen sein mag. Weitergeben, das heißt Worte verschenken, mit denen man leben kann, Worte, die sich auf angemessene Weise der Leidenserfahrungen annehmen, die stumm geblieben sind. Die Familienbindung stirbt, wenn sie nicht mehr von einer lebendigen Erinnerung genährt wird wie in Familien, wo man lange Zeit schon nicht mehr miteinander spricht.

Das familiäre Erbe anzutreten heißt, die Leidenschaft dieser ersten und grundlegenden Bindung zum anderen aufrechtzuerhalten, ihrer Verletzlichkeit Rechnung zu tragen und das Risiko ihres Pervertiertwerdens einzugehen, das zu jeder menschlichen Liebe gehört. Wird die Abhängigkeit von einem Machtverhältnis bestimmt, bringt sie nur Entfremdung und ein krankhaftes Schuldgefühl hervor. Ein Schuldgefühl, das von Generation zu Generation weitergegeben wird, nimmt die Form einer grenzenlosen Schuld an, die jede Tilgung unmöglich macht – denn wie sollte es möglich sein, die Schuld seiner Vorfahren zu begleichen? In diesem Fall ist eine ethische Dimension nur dann zu retten, wenn der Gläubiger – oder auch ein Dritter, wenn Letzterer tot ist – einen Teil der Schulden erlässt und für nicht mehr abzuzahlen erklärt.

Untilgbare Schulden und Schuldgefühl

Der Begriff Schuld*gefühl* markiert den Eintritt in eine moralische Kategorie. Schuldgefühle sind an die Ausbildung eines Gewissens geknüpft und setzen die Existenz eines moralisch Handelnden voraus, der für seine Taten einsteht und fähig ist, für das Unrecht, das er anderen zufügt, Verantwortung zu übernehmen. Diese persönliche Zuschreibung der Schuld (franz. *faute*, dt. *Verschulden, Verfehlung*) revolutioniert die Beziehung des Menschen zum Bösen: Ein Unschuldiger kann nicht für einen Schuldigen bezahlen, ein Verschulden ist persönlich und kann nicht wie eine Geldschuld von einer Generation auf eine andere übertragen werden. Das ganze Rätsel und der große Schritt der Freiheit liegen im Übergang von der »Fehlbarkeit«[35], das heißt der *Fähigkeit*, eine Verfehlung zu begehen, zur *Tatsächlichkeit* der Verfehlung. Die Gründe für ein Verschulden sind allerdings schwer zu durchschauen. Denn wird die Verfehlung aus der Fehlbarkeit des Menschen erklärt, ist es nicht möglich, den schuldigen Menschen als einzigen Urheber und Grund des Bösen anzusehen.

Hier verleiht der Begriff Schulden dem des Schuldgefühls eine neue Bedeutung, denn er erklärt dieses nicht ausgehend von der Souveränität des Menschen, das heißt seiner Entscheidungsgewalt darüber, das Gute oder das Schlechte zu wählen, sondern ausgehend von einer Freiheit, die immer schon gefangen ist von der Verführungsmacht, die das Böse auf sie ausübt. Die Definition des Schuldgefühls als eines Verschuldetseins entspricht dem Konzept Sigmund Freuds. Dieser nämlich sieht das Schuldgefühl in einer ersten Abhängigkeit verwurzelt, die das Ich sich selbst zu entfremden droht. Dem Schuldgefühl liegt die Empfindung einer unbewussten, untilgbaren Schuld zugrunde: Entweder bezahlt man nicht genug oder man bezahlt zu viel, denn in beiden Fällen handelt es sich um eine Schuld, von der man sich nicht zu befreien vermag. Es ist anzunehmen, dass die Bedeutung, die man bei der psychoanalytischen Behandlung dem »Preis« sowohl im finanziellen als auch im symbolischen Wortsinn beimisst, mit dem Wunsch zu tun hat, diese unbewusste Schuld zu begleichen.

Auch bei der Melancholie oder der Zwangsneurose äußert sich das Schuldgefühl in eben dieser Form einer untilgbaren Schuld. Bei der Melancholie trifft die panische Angst, Schulden zu machen, auf einen Perfektionswahn und das Gefühl, ständig etwas schuldig zu bleiben. Wenn der Melancholiker in der quälenden Angst lebt, Schulden aufzunehmen, die er nicht zurückzahlen kann, dann aus Angst vor der Konfrontation mit seiner Unfähigkeit zu geben. Der Melancholiker leidet an der Unmöglichkeit, sich selbst tatsächlich hinzugeben, und das Gefühl, nicht genug beziehungsweise nicht gut genug zu lieben, verschmilzt mit dem der eigenen Nichtigkeit. Wenn jedoch Melancholie eine Liebeskrankheit ist, dann ist sie auch eine Todeskrankheit, denn die Empfindung, es gäbe kein Wesen, das man lieben könne, verwandelt das Dasein des Melancholikers in eine unendliche Trauer über eine enttäuschte Erwartung oder ein nicht eingehaltenes Lebensversprechen. Auch bei der Zwangsneurose, wie sie Freud am Fall des »Rattenmanns« beschrieben hat, drückt sich das Schuldgefühl in Form von Schulden aus, denen sich der Kranke nicht entziehen und die er nicht abzahlen kann.

Kennzeichnet die ursprüngliche Schuld also ein krankhaftes Schuldgefühl, das mit der menschlichen Natur in eins geht und damit jede Heilung ausschließt? Nein, nicht die ursprüngliche Schuld, sondern die Untilgbarkeit pervertiert die Schuld in ihrer moralischen Bedeutung. Die Annahme einer ursprünglichen Schuld läuft nicht zwangsläufig auf eine Entfremdung des Subjekts hinaus, sondern auf die Anerkennung des moralischen Gesetzes als eine dem Subjekt äußere Autorität, die nötig ist für seine persönliche und moralische Reifung. Die unbezahlbare, weil unendliche Schuld pervertiert das Wesen der Schuld selbst, denn diese ist wesensmäßig begrenzt und bemisst die Endlichkeit des Menschen.

Jacques Lacan arbeitet einen fundamentalen Unterschied zwischen »symbolischer Schuld« und »imaginärer Schuld« heraus.[36] Die symbolische Schuld macht das Subjekt zum Schuldner im Bezug auf ein Gesetz, das mit der Sprache erlassen ist und dazu verpflichtet, mit seinem Verlangen und seinem Imaginären zu bezahlen, um die Liebe der Eltern zu bewahren. Die imaginäre Schuld dagegen schließt das Subjekt in einem falschen Selbstbild ein und wird mit dem Verzicht bezahlt, als sprechendes Subjekt zu existieren und die eigenen Triebe zu befriedigen. In eine philosophische Sprache übersetzt bedeutet das: »Die Schuld« bringt eine ursprüngliche Verschuldung des Subjekts gegenüber einem anderen zum Ausdruck, der ihm ermöglicht, zu einem verantwortungsvollen und einzigartigen Selbst zu werden. Die imaginäre Schuld dagegen kennzeichnet die Entfremdung eines Subjekts, das in einem falschen Bild seiner selbst gefangen ist und etwas zu sein glaubt, was es nicht ist. Die Entfremdung besteht dabei nicht in der Unterwerfung unter einen äußeren anderen, sondern in der Unmöglichkeit, ein trügerisches Selbstbild hinter sich zu lassen.

Die ursprüngliche Verschuldung steht der Verantwortung und Freiheit des Menschen nicht im

Wege; der in einem krankhaften Schuldgefühl gefangene Mensch dagegen richtet sich in der Situation einer unbezahlbaren Schuld ein, weil er in seinem Imaginären gefangen bleibt. Das pathologische Schuldgefühl leitet sich aus einer imaginären Schuld ab, während das moralische Schuldgefühl in der Ablehnung der symbolischen Schuld gründet, die jeder Mensch erbt und die ihm in Erinnerung ruft, dass er nicht Urheber seines eigenen Daseins ist und sich nicht selbst das Gesetz diktieren kann.

Verantwortung schulden

In der *Metaphysik der Sitten* setzt Kant als erstes Prinzip der Moral, dass das Subjekt allein kraft seiner Vernunft das universale Gesetz erkennt, dem es als vernunftbegabtes Wesen unabhängig von jeder äußeren Autorität gehorchen muss. Die kantsche Konzeption der Pflicht gehört einer Moral der empirischen Ungebundenheit an. Der Gedanke der Schuld dagegen entspringt einer Ethik, in der die Beziehung zum anderen Vorrang hat vor der Souveränität des Subjekts. Emmanuel Lévinas hat diesen grundlegenden Status des ›Anderen‹[37] erstmals erhellt und das Subjekt als erste und souveräne sittliche Instanz infrage gestellt. Lévinas führt die Moral aus den Grenzen der Vernunft heraus, in denen Kant sie bewahrt hatte. Die moralische Verpflichtung, wie Lévinas sie begreift, gründet nicht auf der Vernunft des Subjekts, sondern auf der unhintergehbaren Tatsache, dass der andere mir immer schon voraus ist. Nicht ich, sondern der andere verpflichtet mich ursprünglich zu etwas. Die moralische Verantwortung erklärt sich bei Lévinas nicht aus der Autonomie eines Gesetzes, das sich das Subjekt als Vernunftwesen selbst auferlegt, sondern aus dessen Heteronomie, bei der das Subjekt nicht gebietet und dennoch allein Verantwortung übernehmen muss. Es ist der andere, der das Subjekt in die moralische Verantwortung ruft, und dieser Ruf geht der freien Initiative des Subjekts voraus und begründet seine Unvertretbarkeit.

Dennoch ist die Verantwortung von Lévinas' Subjekt, das er als Geisel des anderen bezeichnet, nicht mit der unseres Schuldner-Subjekts identisch. Lévinas zieht den Begriff der Schuld nicht in Betracht, um die Verpflichtung des Subjekts gegenüber anderen zu definieren, denn diese ist unendlich, doch er erinnert an »eine Schuldigkeit jenseits von jeder Schuld«. Anders gesagt, in Lévinas' Philosophie gibt es keine Möglichkeit, sich dieser Schuldigkeit zu entledigen; in der Verantwortung für den anderen ist man niemals quitt. Und eine Schuld, die wesensmäßig unbezahlbar ist und nicht erlassen werden kann, ist letztlich keine Schuld. »Der Andere, der sich ausdrückt, ist mir anvertraut (und es gibt keine bezahlbare Schuld im Hinblick auf den Anderen – denn das Geschuldete ist unbezahlbar: Man ist niemals ›quitt‹).«[38] Die Verpflichtung des Geisel-Subjekts ist unendlich und schließt die Forderung ein, an die Stelle des anderen zu treten. Die fehlende Wechselseitigkeit, die Einseitigkeit ist in Lévinas' Ethik eine Tugend. Nun impliziert unser Begriff der Schuld aber eine Berechnung, die nicht nur den Grad der Verantwortung bemisst, sondern auch die Verpflichtung zur Rückgabe ausdrückt. Der Mensch kann nicht allein für alles einstehen und nicht allen entsprechen.

Eine unendliche Verantwortung läuft Gefahr, ein Gefühl ohne Wirkkraft zu bleiben und in seinem Wesen unwahrhaftig oder pathogen zu sein. Hannah Arendt unterstreicht in ihrer Analyse des Eichmann-Prozesses die Diskrepanz zwischen dem mangelnden Verantwortungsgefühl bei Eichmann und dem übertriebenen Schuldgefühl der jungen Deutschen und präzisiert, dass beide Haltungen gleichermaßen verwerflich sind, da sie beide eine

Flucht vor der wirklichen Verantwortung darstellen: »Wenn jemand behauptet, sich für die Taten seines Volks oder seiner Väter schuldig zu fühlen, handelt es sich eher um eine Metapher: Die damit ausgedrückte Verantwortung ist keine persönliche (moralisch gesprochen ist es fast ebenso schlecht, sich schuldig zu fühlen, wenn man nichts Konkretes getan hat, wie sich unschuldig zu fühlen, wenn man wirklich schuldig ist).«[39]

Die Verantwortung des Schuldner-Subjekts ergibt sich aus der menschlichen Endlichkeit, aus der Einsamkeit jedes Menschen angesichts seines Todes. Dagegen ist die Zeitlichkeit des Geisel-Subjekts vom Tod des anderen bestimmt und nicht von seinem eigenen. Nun kann man aber nicht an Stelle eines anderen sterben. Jeder stirbt für sich allein. Der Tod ist die wesenhafte Grenze der Selbsthingabe, die konstitutive Fragilität des Subjekts, in der sich die ursprüngliche Schuld offenbart, der niemand entgehen kann. Diese Schuld bedingt, wenn schon keine Wechselseitigkeit, dann doch zumindest einen Wechsel von aktiver zu passiver Rolle in einem asymmetrischen Verhältnis. Die Verantwortung des Schuldner-Subjekts besteht nicht in der Verpflichtung, an die Stelle des anderen zu treten, sondern in der Verpflichtung zur Rückgabe: Sie gibt dem anderen die Möglichkeit zurück, für sich selbst einzustehen. Eine solche Verantwortung bedeutet deshalb keine Abkehr vom anderen, vielmehr trägt sie einer allen gemeinsamen Verletzlichkeit Rechnung und verweist auf die Gefährdung des eigenen Lebens als der Herausforderung, in Selbsthingabe und direkter Auseinandersetzung mit dem anderen zu existieren.

Im Allgemeinen schließt die Schuld eine Berechnung und Bewertung des Grads an Verpflichtung ein. Sie dämmt übermäßige Schuldgefühle ein und setzt dem »Geist der Rache« (Nietzsche) ein Ende, wobei sie auf die Schwierigkeit stößt, menschliches

Leid in Geldwerten zu bemessen. Auch das Verzeihen ringt unaufhörlich mit etwas Unverzeihlichem, das als eine untilgbare Schuld bestehen bleibt, die es anzuerkennen gilt.

Das Fortbestehen des Schuldsystems auch im Verzeihen bezeichnet also die Unmöglichkeit, alle Opfer zu entschädigen und alle Verluste aufzuwiegen – eine Welt jenseits der Wiedergutmachung.

Die Utopie einer schuldenfreien Gesellschaft

Die zeitgenössische Gesellschaft gründet sich auf die Emanzipation des Individuums und den Willen, sich von seinen Schulden zu befreien. Ihr oberster Wert ist das souveräne Individuum als Ursprung und Prinzip seiner selbst. In der individualistischen Gesellschaft hat die Förderung subjektiver Rechte Vorrang; das Bewusstsein von Verpflichtungen ist dieser insofern nachgeordnet, als die Subjektivität nicht im Verhältnis zu anderen begründet gesehen wird. So wird die Abhängigkeit von verschiedenen anderen nicht als wertschöpfend verstanden, sondern als Gefahr einer Entfremdung des Subjekts. Das Individuum stützt sich allein auf die Einforderung seiner Rechte und versteht sich als eine von allen äußeren Autoritäten unabhängige Macht. Die individualistische Ethik kann unseren Begriff der Schuld nur als falsche Vorstellung von Pflicht zurückweisen, die das Subjekt an das Schicksal der anderen fesselt und es an seiner eigenen Entfaltung hindert. Sie repräsentiert den Wunsch, das Individuum über eine Kritik der christlichen Ethik als Schuldmoral zu befreien. Der Mythos des Don Juan illustriert diese Freiheit des ewig Flüchtigen, der die Falschmünzerei der sozialen und christlichen Moral verurteilt und sich permanent in Konflikt mit seinen Gläubigern befindet. Aber es genügt nicht, Atheist zu sein, um sich von jeder Schuld zu befreien. Und paradoxerweise hat ausgerechnet der zeitgenössische Individualismus dazu beigetragen, insolvente Schuldner hervorzubringen, indem er dem Individuum jede eigenheitliche Substanz absprach.

Die Ideologie einer schuldenfreien Gesellschaft und der Wunsch, mit der eigenen Herkunft Tabula rasa zu machen, bringt entwurzelte, vereinzelte Individuen hervor, die mit unbezahlbaren Schulden belastet sind.

Don Juan *oder die Freiheit des ewig Flüchtigen*

Der Mythos des Don Juan ist besonders repräsentativ für die »Absage an die Schuld«[40], die den zeitgenössischen Individualismus umtreibt. Don Juan steht mit allen großen mythischen Figuren der griechischen Tragödien auf einer Stufe, weil er ein Übertreter von Grenzen ist, ein Wesen, das durch sein Begehren in der Maßlosigkeit außerhalb der Norm und im Konflikt mit allen Erscheinungsformen des Gesetzes lebt. Aber im Unterschied zu Ödipus, Antigone oder Phädra verdammt ihn der Wunsch nach Überschreitung dazu, in einem ständigen Maskenspiel zu leben, ohne Zugang zu seiner Einzigartigkeit zu erlangen. In diesem Sinn ist Don Juan eine emblematische Verkörperung des zeitgenössischen Individualismus. Seine Freiheit ist die eines ewig Flüchtigen. Für den Rahmen dieses Buchs beschränken wir uns auf eine Interpretation dieses Mythos in der Fassung von Molière.

Don Juan weigert sich, die Legitimität jeglicher Erscheinungsformen des göttlichen oder menschlichen Gesetzes anzuerkennen, sofern sie nicht seinem Wunsch nach Macht und Genuss zuarbeiten. Er vergöttert sein Begehren als einzige Notwendigkeit und ist fasziniert vom Rausch, den diese Haltung ihm beschert. Besonders deutlich ist dies in seinen Anwandlungen von Narzissmus und Größenwahn, die sich in seinem Selbstbild offenbaren: »Nichts kann das Ungestüm meiner Leidenschaft zügeln; ich habe das Gefühl, mein Herz könne die ganze Welt lieben, und wie Alexander möchte ich wünschen, es gäbe noch andre Welten, auf die ich meine verliebten Eroberungen ausdehnen könnte.«[41]

Die Nichtanerkennung der Schuld gegenüber verschiedenen anderen (dem Vater, den Frauen, dem Armen, dem Diener) ist das Ergebnis seines fehlenden Glaubens an das Gesetz, wie es im Antlitz des anderen[42] verkörpert ist. Seine Ablehnung des väterlichen Gesetzes zeigt sich besonders in seiner Gleichgültigkeit gegenüber dem väterlichen Erbe und in seinem Bestreben, nicht an seinen Namen oder Rang gebunden zu sein. Wir folgen der Lesart von Sarah Kofman und Jean-Yves Masson: »Don Juan hat alles getan, um bloß nicht seinem Vater zu gleichen und um die Kontinuität einer Familienlinie zu unterbrechen, die ihn schon vor seiner Geburt in die Pflicht nehmen würde: Wenn er sich seinem Vater gegenüber nicht als würdig erweisen will, dann deshalb, weil er seiner selbst würdig sein will; es gibt nur einen Vertrag, den er einzuhalten beabsichtigt: jenen, den er nicht mit seinem Namen, sondern mit sich selbst unterzeichnet hat. Don Juan möchte gottgleich seine eigene Ursache sein und weder irgendeinem Menschen noch Gott, diesem anderen Vater, etwas schuldig sein.«[43] So verübt Don Juan ohne das geringste Schuldgefühl einen verbalen Vatermord: »Ei, stirb sobald als möglich, das ist das Beste, was du tun kannst. Es muß doch jeder an die Reihe kommen, und es empört mich immer, wenn ich Väter sehe, die so lange leben wie ihre Söhne.«[44] Tatsächlich vermisst Don Juan in der Gabe seines Vaters Großzügigkeit und Selbstlosigkeit, er empfindet dessen Geschenk des Lebens als Gabe, die ihn, den Sohn, mit einer unbezahlbaren Schuld belädt und Schuldgefühle produziert. Es ist der Mangel an Uneigennützigkeit in dieser Gabe, die Kategorie des Tauschs und der Schuld, die Don Juan nicht akzeptieren will, denn er wünscht, nichts zu empfangen, sondern sich alles selbst zu nehmen und die Beschränkungen der Pflicht hinter sich zu lassen. Indem er das Gesetz missachtet, will er sich selbst geben, was dieses verbietet.

Die Lossagung von jeder Abmachung, die ihn einem anderen gegenüber verpflichten würde, der Abbruch jeder Tauschbeziehung, die eine Anerkennung des anderen beinhaltet, offenbaren sich vor allem in seinem Betrug und seiner Verleugnung von Frauen, die er zu lieben vorgibt. Denn es sind zuvorderst die Frauen, denen Don Juan etwas schuldig bleibt – als repräsentierten sie den anderen schlechthin, der seine virile Selbstüberhebung infrage stellen könnte. Seine Liebe zum ewig Weiblichen führt ihn dazu, alle Frauen als austauschbar zu betrachten und keine im Besonderen zu erwählen. All seine Eroberungen sind verfehlte Begegnungen, weil er Frauen kaum ein Ansehen zugesteht. Donna Elvira erlebt diese fehlende Anerkennung als Erniedrigung und Verneinung dessen, was sie ist: »Werdet Ihr mir wohl die Gnade erzeigen, Don Juan, mich noch zu kennen? – Und kann ich mindestens hoffen, daß Ihr Euren Blick nach dieser Seite richten wollt?«[45] Als Don Juan Charlotte wie ein Stück Marktvieh behandelt, schlägt sie komischere Töne an, doch er erniedrigt sie, indem er sie in den Himmel lobt – eine bewährte Strategie des Verführers, die ihre Plumpheit nicht zu verbergen sucht.

Die Empfindungslosigkeit des Don Juan in seiner Weigerung, seine Schulden zu bezahlen und seine Verpflichtung gegenüber anderen anzuerkennen, zeigt sich noch einmal in der Szene mit dem Bettler. Als er diesen zur Blasphemie zu treiben und damit zu demütigen versucht, zeigt sich seine Verachtung ganz unverhüllt. Don Juan will den Bettler mit einem schlechten Gewissen kämpfen sehen, doch er stößt auf echten Glauben. Don Juan will die angenehmen Dinge des Lebens umsonst genießen, ohne sich je irgendjemandem zu Dank verpflichtet zu fühlen. Der Bettler dagegen zeigt offen, dass er verletzlich ist und der anderen bedarf. Don Juan dagegen ist zu sehr mit sich und der Befriedigung seiner Wünsche beschäftigt, um von den Erwartungen anderer überhaupt Notiz zu nehmen. Er frönt einer zu hohen Meinung von sich, als dass er sich eingestehen würde, anderen verpflichtet zu sein. Der Abgrund seiner Begierde hindert ihn daran, den Wert dessen zu erkennen, was er bekommt, und lässt ihn nur immer noch mehr begehren. Ordnet man Don Juans Handeln der Kategorie der Ausgabe zu, so muss man begreifen, dass es sich bei dieser Ausgabe um einen reinen Verlust handelt, denn Don Juan gibt nichts von sich hin, wenn er gibt. Mit seiner Geste des Wohltäters »Nun schon gut; ich gebe ihn dir, weil du mit alledem eine Menschenseele bist«[46] spielt er nur auf theatrale Art die Wohltätigkeit, die er zuerst spontan verweigerte. Nun verhält sich aber gespielte Wohltätigkeit zu wahrhafter Wohltätigkeit so wie Großzügigkeit aus Überheblichkeit zu Großzügigkeit aus Liebe, sie wirkt zwangsläufig erniedrigend. Wohltätigkeit muss sich spontan und diskret äußern, oder es ist keine.

Obwohl die letzte Replik von Sganarell »Mein Lohn! Mein Lohn!« auf komische Weise eine trivialere Schuld einführt, nämlich die rein materielle, fasst sie trotzdem die Moral des Stücks zusammen: Don Juan ist ein säumiger Zahler. Sobald es darum geht, seine Schulden zu begleichen, flüchtet er, und diese Tatsache trägt dazu bei, dass er zum ewig Flüchtigen wird. Er flieht vor sich selbst in ein Maskenspiel, das ihm erlaubt, sein Verlangen nach Macht und Genuss zu stillen. Er spielt den Verführer, den Ergebenen, den Wohltäter, und die Sprache ist das Instrument seiner Verstellung. Mit seinem rhetorischen Talent missbraucht er andere und verkehrt das Gläubiger/Schuldner-Verhältnis zu seinen Gunsten, indem er seinen Gläubigern mit Worten zahlt, die doch nur Falschgeld sind. So macht Don Juan seinem Gläubiger, Herrn Dimanche, als dieser sein Darlehen zurückfordert, durch falsche Höflichkeit weis, er wisse, was er ihm schulde: »Wie! Ich bestehe darauf, daß man Euch eskortiere, denn es liegt mir zu viel an Euch. Ich bin Euer Diener und überdem Euer Schuldner.«[47] So geht derjenige, der als Gläubiger zu Don Juan kam, mit dem Gefühl davon, diesem verpflichtet zu sein, zufriedengestellt vom Falschgeld, mit dem er sich hat bezahlen lassen und mit dem der Verführer seiner Eitelkeit zu schmeicheln wusste. »Ja, das ist wahr. Er ist so höflich und sagt mir so viele Artigkeiten, daß ich nie so weit komme, mein Geld einzufordern.«[48]

Die Maske dient Don Juan als Double, um einerseits vor anderen zu bestehen und diese andererseits auf Abstand zu halten, damit er sein Gefühl von Freiheit bewahren kann. Don Juan wählt die Lüge und die Einsamkeit der Lüge, um so zu leben, wie er es für richtig hält. Einerseits verurteilt er die Heuchelei sozialer Beziehungen, die sich mit der Maske der Tugend versehen, andererseits bekennt er sich selbst zur Heuchlerei wie zu einer Kunst. Er lobt sich die Maske, um sein Begehren konsequent durchzusetzen, aber er bleibt in dieser Maske gefangen, denn sie erlaubt ihm nicht, dem anderen wirklich zu begegnen. Das Standbild des Komturs setzt diesem Spiel der Täuschungen brutal ein Ende. Als Figur des Gesetzes, des Todes und des gespenstischen Wiedergängers, die Don Juan daran erinnert, dass er seine Schulden bezahlen muss, verkörpert sie die unumgängliche Grenze, die dem Verlangen nach Genuss und Macht gesetzt ist. Die Figur des Don Juan ist eine Allegorie des zeitgenössischen Individuums, das danach trachtet, sich von jeder Schuld zu befreien, und sich angesichts des Standbilds des Komturs mit dem Gespenst des Vaters auseinandersetzen muss: in der widrigen Situation des alten Gläubiger/Schuldner-Verhältnisses, wie es Nietzsche beschrieben hat.

Der zeitgenössische Individualismus und die Ablehnung der Schuld

Nachdem der Kapitalismus zunächst der Emanzipation des Individuums diente, scheint sich seine Dynamik inzwischen gegen das Individuum zu richten, ja es sogar jeder Substanz zu berauben und seine Freiheit mittels einer Berechnung der »Humanressourcen« oder des »Humankapitals« zu Markte zu tragen und damit zu entstellen. Weit davon entfernt, befreit zu werden, werden Menschen in ihrem sozialen Status ins Elend getrieben und neuen Herrschafts- und Gewaltformen unterworfen. Max Weber untersuchte den Zusammenhang zwischen dem Auftauchen des Kapitalismus und der protestantischen Ethik und sah ihn darin begründet, dass beide die Autonomie des Individuums gegenüber religiösen Institutionen bejahten.[49] Doch auch wenn der erste Geist des Kapitalismus mit einer Ethik zusammenging, die sich auf einen fundamentalen Individualismus gründet, so schnitt er das Individuum doch nicht von seiner Zugehörigkeit zu einer Gemeinde von Gläubigen ab. Die protestantische Ethik preist nicht das souveräne Individuum, sondern beweist moralische Strenge in der Hoffnung, der Mensch sei von Gott auserwählt. Die Ideologie des souveränen Individuums blühte erst in der liberalen Gesellschaft auf und fand neue treibende Kräfte in manchen Idealen von 1968. Wie Luc Boltanski und Ève Chiapello zeigen[50], konnte sich der liberale Kapitalismus in seiner Dynamik einige Werte der 68er-Bewegung wie die Forderung nach Autonomie, Authentizität und Mobilität einverleiben, im Namen derer er doch eigentlich kritisiert wurde. Die anarchistische Ablehnung der kapitalistischen Ordnung diente dem Kapitalismus somit als Triebfeder für eine Erneuerung und verwandelte sich in eine Bejahung des liberalen Individualismus. Indem sie die Befreiung des individuellen Begehrens und die Zerstörung der letzten »vorkapitalistischen« Instanzen von Autorität feierte, beförderte sie letztlich die Ideologie des souveränen Individuums.

Die Ideologie des souveränen Individuums bejaht den Einzelnen als absoluten Wert und propagiert eine Befreiung von allen äußeren Autoritäten, da diese die individuelle Verwirklichung behinderten und einen Geist der Abhängigkeit aufrechterhielten.

Der von dieser Ideologie beherrschte Kapitalismus umgeht die Moral, und diese verkürzt sich auf einen Vertrag, der persönlichen Interessen dient. Das Individuum hat gegenüber der Gemeinschaft, der es zugehört, keine Verpflichtungen mehr, sein Leben in Gesellschaft folgt nur noch bestimmten Zwecken. Das Recht, man selbst zu sein und sein Leben frei zu genießen, wird zur Kardinaltugend erklärt. Was das Individuum von der Gesellschaft erhält und ihm allererst erlaubt, sich selbst zu verwirklichen, wird als selbstverständlicher Anspruch betrachtet. Dieser zeitgenössische Individualismus der »Losbindung« und des »Disengagements«, wie ihn auch Marcel Gauchet beschreibt, entspricht durchaus einer Schuldentilgung: »Um in der Ultramoderne man selbst zu sein, muss man sich für sich behalten.«[51]

Diese Aufwertung der persönlichen Verwirklichung beförderte jedoch nicht eine höhere Wertschätzung der Intimsphäre, sondern ließ diese ganz im Gegenteil verarmen: Sie engte sich auf die Verteidigung von Privatinteressen und -rechten ein, ohne sich dabei auf irgendeinen anderen zu beziehen. Sicherlich schuf sie auch neue Möglichkeiten der Sozialisierung wie »die vernetzten Gesellschaften«, die an eine Ausbreitung der Konsumgesellschaft und an die Entwicklung neuer Technologien gekoppelt sind. Aber das an verschiedenste Netzwerke angeschlossene Individuum ist zutiefst einsam und von jeder gemeinschaftlichen Zugehörigkeit abgetrennt. Sein Wunsch, permanent »online« zu sein, zeugt nur von seiner Panik vor der Einsamkeit, der es vergeblich zu entfliehen versucht, weil diese es mit dem Schwindel einer inneren Leere konfrontiert.

Das bis zum Extrem zugespitzte Paradox der individualistischen Logik besteht darin, dass diese die unvertretbare Einzigartigkeit der Person verkennt und bei einem Individualismus der Maske landet, den Jacques Derrida folgendermaßen definiert: »Der Individualismus dieser technischen Zivilisation beruht genau auf dem Verkennen des einzigartigen Ich. Es ist ein Individualismus der *Rolle* und nicht der *Person*. In einer anderen Sprache würde man von einem Individualismus der Maske oder der *persona*, der Personifizierung, sprechen und nicht der Person.«[52] Dieser Individualismus der Maske bringt künstliche, fragmentierte und unbeständige Identitäten hervor; er lässt die Individuen je nach Gegenüber mit umso mehr Leichtigkeit von einer Rolle in die andere schlüpfen, als sie kein eigenes Wesen haben. Die Maske ist hier nicht mehr das Double einer inneren Wahrheit, denn es gibt keine Tiefe und keine Seele, die es zu verstecken gelte. Das Individuum kann nur in einer endlosen Aufspaltung seiner selbst existieren. Die Unterschiede sind oberflächlich und stellen sich, wie bei den Portraits von Andy Warhol, als Ähnlichkeiten heraus: Dasselbe Portrait wird unendlich oft dupliziert, es wechseln nur die Acrylfarben, die es zusammensetzen.

Der Individualismus der Maske ist von einer Angst vor der Leere durchdrungen, und diese schafft neue Formen von Knechtschaft und Schuld. Die Suche nach Substituten, um diesen *horror vacui* wettzumachen, und besonders die Flucht in Drogen sind dominierende Merkmale einer Kultur, die nicht mehr das Eingehen hinreichend fester und beständiger Bindungen fördert. Paul-Laurent Assoun erklärt die Bedeutung von Schulden für verschiedene Arten des Suchtverhaltens anhand der Etymologie des lateinischen Begriffs »addiction« (Sucht): »Der römische Sklave wurde ›addictus‹ genannt[53] im Sinn von bar einer eigenen Bedeutung und bar von Freiheit, er wurde ›vom‹ Herrn ›gesagt‹, also im striktesten Sinn ›entfremdet‹. Dasselbe zeigt sich auch in der Zugehörigkeit des Subjekts zu einem Bedeutungsträger wie einer bestimmten Alkohol- oder Zigarettenmarke oder seiner Lieblingsdroge.«[54] Assoun weist zu Recht auf den Zusammenhang von »körperlicher Abhängigkeit und Schuld« in der Sucht hin. Der Süchtige ist seinem Rauschmittel unterworfen, er hat es zu seinem Gebieter gemacht, um von etwas »gehalten« zu werden und der Leere und der schmerzvollen Erfahrung des Mangels begegnen zu können.

Das Suchtverhalten enthüllt, wie sehr das zeitgenössische Individuum, das so radikal nach Unabhängigkeit verlangt, in einem Abhängigkeits- und Schuldenverhältnis gefangen bleibt, das den Gebrauch von Freiheit unmöglich macht: »Der Süchtige ist einerseits überschuldet – ein Schuldner, der sich des anderen nicht bewusst ist, der ihm die Abhängigkeit aufbürdet – und ›ent-schuldet‹, das heißt, dem verantwortungslosen Genuss in der Überzeugung ausgeliefert, der andere schulde ihm etwas, wie es das Gefühl belegt, von Geburt an benachteiligt worden zu sein.«[55] Die Überschuldung des Drogensüchtigen verweist auf dieses unbewusste Gefühl einer untilgbaren Schuld gegenüber einem anderen, das von einem Abhängigkeitsverhältnis herrührt, welches mit den ersten Bindungen in der Kindheit eingegangen wurde. Die dadurch geschaffene Angst vor der Leere und vor Verlust führt zu Süchten oder anderen Abhängigkeiten, die die Lücke ersatzweise oder künstlich füllen sollen. Die Entschuldung des Drogensüchtigen hingegen entspricht seiner Vorstellung, die anderen schuldeten ihm etwas, womit er seine Angst vor Leere und Verlust zu überdecken versucht.

Der Konflikt zwischen Genuss und Schuld knüpft an *Don Juan* an, und nicht von ungefähr behauptet Paul-Laurent Assoun vom Drogensüchtigen, er suche sein »Standbild des Komturs«[56]. Das Verlangen nach Genuss ist grenzenlos und impliziert die Absicht, das eigene Dasein im Wunsch nach radikaler Unabhängigkeit zu behaupten. Die Schuld bezeichnet dabei den Mangel, der das Verlangen immer wieder nährt. Die ausschließliche Betonung der unbezahlbaren Schuld macht eine Selbstbehauptung jedoch unmöglich. Hier repräsentiert »das Standbild des Komturs« eine symbolische Figur des anderen, der an die Notwendigkeit erinnert, seine Schulden zu bezahlen, um der viel beängstigenderen Knechtschaft zu entkommen, die der Genuss erzeugt, wenn er den Einzelnen in sich selbst einsperrt und Bindungen zur realen Welt verunmöglicht.

Vom Selfmademan zum Opportunisten

Der Selfmademan ist das Leitbild der demokratischen Moderne und des blühenden Kapitalismus der Wirtschaftswunderjahre. Anfänglich repräsentierte er das amerikanische Ideal des erfolgreichen sozialen Aufstiegs, der darauf basiert, dass man seine Qualitäten frei zum Einsatz bringt. Erfolg bemisst sich dabei nicht nur am erarbeiteten Reichtum, auch wenn Geld der wichtigste Motor für sozialen Aufstieg ist, sondern auch am Ringen um Selbstbestimmung, mit deren Hilfe der Einzelne die Mittel und Wege zu seinem Erfolg in sich selbst findet. Eine solche Feier des Individuums konnte sicher nur in einem neuentdeckten Land stattfinden, das dem Einzelnen die Freiheit bot, sich seine eigenen Werte zu erschaffen. Die Figur des Selfmademan konnte erst ab dem Moment in Erscheinung treten, wo nicht mehr die Vererbung von Rang und Besitz, sondern der Verdienst jedes Einzelnen über seine soziale Position entschied. Der Abenteuergeist des frühen Kapitalismus verkörpert sich in dieser heldenhaften Figur des Unternehmers, der gleichzeitig ein Selbstunternehmer ist. Wörtlich übersetzt ist der Selfmademan der Mensch, der sich selbst erschaffen hat. Das Ideal des Selfmademan entspringt somit einem Befreiungsprojekt, das eine Entledigung von jeder Art von Schulden und jeglicher Beziehung voraussetzt, die das Individuum auf dauerhafte Weise an eine andere Geschichte binden könnte als die, die es sich selbst geformt hat.

Der Wille, sich selbst zu erschaffen, zeugt vom Streben nach einer stärkeren Bestimmung des eigenen Schicksals und von der Weigerung, Bindungen einzugehen, die schon im Voraus determiniert sind; der erste Bruch ist deshalb der mit dem eigenen Herkunftsmilieu. Der Selfmademan will sich selbst Vater und Mutter sein, er will sich eine Identität erschaffen, die nicht mehr von seiner Abstammung bestimmt ist, denn in der Geschichte der Familienlinie, der er angehört, erkennt er sich nicht mehr wieder. Er versucht nicht, sich in eine Tradition einzufügen, sondern will sich im Kampf um Macht und um die bessere soziale Position von den Seinen und anderen unterscheiden. Die Suche nach einer eigenen Identität zwingt ihn, sich – nicht ohne eine gewisse Nostalgie – von seinem Herkunftsmilieu zu lösen und in ein Universum zu versetzen, dessen Codes er zwar nicht beherrscht, das aber seinem Ehrgeiz nach sozialem Aufstieg und Seinem Wunsch nach persönlicher Erfüllung entspricht. In Ermangelung traditioneller Identifikationsmöglichkeiten ist der Selfmademan gezwungen, sein eigenes Wertesystem zu erfinden; dies verdammt ihn zu einer Einsamkeit, die alle Arten von Zweifeln und Komplexen begünstigt und gleichzeitig von einem

Ressentiment und eifersüchtigen Neid auf alle Erben begleitet ist.

Der Selfmademan verkörpert eine Vorstellung vom Menschen als selbstgenügsame Entität, die vom Standpunkt der Psychologie und der Moral aus gesehen eitel und sinnlos ist. Das Unabhängigkeitsideal entspringt einer Wunschvorstellung von individueller Allmacht, die der erlebten Realität eines Menschen kaum entspricht und deren Auswirkungen auf die Identitätsfindung verheerend sein können. Indem das Unabhängigkeitsideal den Menschen von dem abschneidet, was ihn in ein Beziehungsnetz und eine gemeinsame Geschichte einbindet, lässt es die lebendigen Quellen der Freiheit versiegen und droht den Sinn von Freiheit völlig zu entstellen. Der Gedanke der Schuld dagegen verweist das Individuum auf seine Wurzeln und auf alles, was es anderen schuldet, um es selbst zu werden. Die eigenen Schulden anzuerkennen heißt also nicht, seine Freiheit und Einzigartigkeit aufzugeben, sondern die Freiheit zu einem Leben zu gewinnen, das innerhalb einer Geschichte und einem Verhältnis zu anderen erobert sein will. Die Schuld beschreibt die Endlichkeit des Menschen, welche die individualistische Utopie des selbstgenügsamen Menschen zu verneinen sucht.

Doch der heutige Geist des Kapitalismus wird nicht mehr von der Figur des Selfmademan symbolisiert. Die Forderung nach Unabhängigkeit und selbst geschaffener Identität erweist sich für die Entwicklung von vernetzten Gesellschaften als nicht mehr angemessen. Das Ideal des Selfmademan ist deshalb opportunistischen Verhaltensweisen gewichen. Im Unterschied zum Selfmademan, der nur sein eigenes Gesetz kennt und nur auf sich selbst zählt, sucht der Opportunist Unterstützung bei einflussreichen Kräften und passt sich im Interesse der Erreichung seiner Ziele den verschiedenen Codes der Netzwerke an, denen er zugehört.

Das unbegrenzte Streben nach Profit und Genuss erfolgt nun auf Kosten von anderen. Neue Formen von Entfremdung tauchen auf und erweisen sich als umso perverser, als sie eine Instrumentalisierung von Menschen möglich machen; instrumentalisiert wird dabei nicht nur ihre Arbeitskraft, sondern ihr eigentliches Humanum.

Die Ausbreitung einer vernetzten Gesellschaft begünstigte also die Herausbildung opportunistischer Verhaltensweisen, die sich traditionellen Formen der Kontrolle entziehen. Der vernetzte Mensch vervielfacht seine Verbindungen, die lauter Informations- und Ideenquellen sind und deren Profit er zu egoistischen Zwecken der persönlichen Aufwertung veruntreuen kann. Er greift nach Bedarf auf die Ressourcen seiner Verbindungen zurück, ohne etwas zurückzugeben, schöpft Quellen aus, die weniger mobil und weniger sichtbar sind als er, und erhält damit ihre Ausgrenzung aufrecht. In ihrer Analyse der Funktionsweise der vernetzten Gesellschaft greifen Luc Boltanski und Ève Chiapello diese Figur des Opportunisten als Symbol des schuldenfreien Individuums auf. Sie stellen die frühere häusliche Welt, die durch »eine Schuldenaufsicht« geregelt war, der vernetzten Welt gegenüber, die eine Entwicklung von opportunistischen Verhaltensweisen begünstigt, welche der Schuld als Legitimationsquelle für sozialen Zusammenhalt wenig Beachtung schenken: »In einer familienweltlichen Ordnung kommt man einer Verpflichtung nach, weil die Menschen in enger Nachbarschaft miteinander leben und weil sie eine wechselseitige Kontrolle ausüben. In einer vernetzten Welt jedoch macht es die Mobilität als Basisvoraussetzung möglich, sich den kollektiven Strafmaßnahmen weitestgehend zu entziehen, mit der die alte Familienwelt reagierte, wenn man seine Verpflichtungen nicht erfüllt oder sich gegenüber seinen Förderern undankbar gezeigt hatte.«[56]

Die Stärke des Opportunisten besteht darin, eine Vielzahl von Verbindungen gleichzeitig herstellen zu können. Sein Unabhängigkeitsideal drückt sich paradoxerweise in dieser Vervielfachung von wenig verpflichtenden Abhängigkeiten aus, aus denen er jederzeit ausbrechen kann. Seine Freiheit ist die des ewig Flüchtigen. Dennoch existiert der Opportunist - der in Gestalt des Traders von besonderem Interesse ist - nicht außerhalb der Verbindungen, die er herstellt, und der virtuellen Netzwerke, die ihn ausmachen; vielmehr tritt die Fähigkeit, je nach Umstand in verschiedene Rollen zu schlüpfen, an die Stelle des Ideals, einzigartig und unersetzbar zu sein. Der Erwerb von Kompetenzen, die seine Mobilität und Flexibilität stärken, geht allerdings meistens zu Lasten seiner Reflexionsfähigkeit und eines verantwortungsvollen Verhaltens. Um sich von einer finanziellen oder persönlichen Schuld zu befreien, nimmt der Opportunist eine weitere auf, und immer so fort; damit tritt er einen schlecht kontrollierten Wettlauf mit sich selbst an, der von einem Gefühl der Straffreiheit angetrieben wird und Gefahr läuft, in einer Schuldenmasse sein Ende zu finden, die letztlich unmöglich zurückzuzahlen wäre, würden alle Gläubiger im selben Moment Rechenschaft fordern. Dies würde in der Tat seinen Bankrott bedeuten, und genau das erleben manche heute, denn der Opportunist besitzt nicht genügend Eigenkapital, um sich seiner Schulden zu entledigen. Die sofortige Sanktion des enttarnten Opportunisten ist der Ausschluss; er äußert sich in einer Verbannung aus der Netzwerkgemeinde. Diese Isolierung besiegelt seinen Untergang.

Der Schuldenerlass

Es ist nie einfach, einen Schuldenerlass zu verordnen, vor allem in Gesellschaften, die sich ausschließlich auf das Streben nach Profit gründen. Der Schuldenerlass hat seinen Ursprung in einer Ökonomie der Gabe, in der die Aufrechterhaltung einer Beziehung höher bewertet wird als ihre Rentabilität; er setzt auf zukünftige Möglichkeiten der Entwicklung. Auch wenn die Logik der Gabe nicht auf die des Tauschs verkürzt werden kann, schafft sie die Kategorie der Schuld nicht zwangsläufig ab – denn sie kann eine Schuld einfach als nicht mehr zurückzuzahlen erklären.

Der Schuldenerlass beginnt mit der Dankesbezeugung des Schuldners; diese stellt, weil es sich um eine demütige Freude handelt, die wahrhaftigste Gabe in diesem Prozess dar. Denn tatsächlich setzt Dankbarkeit die Demut dessen voraus, der weiß, dass er sich nicht selbst genügt. Sie ist Anlass, sich über das Dasein anderer zu freuen und die eigenen Schulden jenseits von einem reglementierten Tauschsystem anzuerkennen. Seine Schulden anzuerkennen ist nicht leicht, denn es steht im Gegensatz zu dem stolzen Verlangen, den eigenen Ursprung in sich selbst zu sehen und anderen nichts schuldig zu sein. Denn normalerweise sind es die anderen, die wir als unsere Schuldner betrachten. Wir zeigen uns undankbar und entwerten oder negieren das, was wir von anderen erhalten, mit der Begründung, wir würden nie das bekommen, was wir von ihnen erwarten. Spinoza definiert die Dankbarkeit als »die Begierde oder de[n] Liebeseifer, womit wir demjenigen wohlzuthun suchen, der uns aus gleicher Liebesbewegung eine Wohlthat erwiesen hat«[58]; denn die Liebe ist »Lust, begleitet von der Vorstellung einer äusseren Ursache«[59] und die Lust ist »der Uebergang des Menschen von geringerer zu grösserer Vollkommenheit«[60]. Spinozas Definition von Dankbarkeit hat den Vorzug, die Bedeutung der gegenseitigen Anerkennung zu erhellen, die der Liebe hinzugefügt wird. In der Dankbarkeit wird Liebe nicht mehr als Leid empfunden, das von einem Mangel herrührt, sondern als Freude über die erhaltenen und geteilten Gaben. Die Dankbarkeit vollführt so den Übergang von der Leidenschaft zu einer aktiveren Liebe, den Übergang von einer Liebe, die eine nie erfüllte Erwartung einer imaginären Gabe ist, zu einer Liebe, die zu empfangen versteht und nur noch da sein will, um Dankbarkeit zu bezeigen.

Schulden zu erlassen kann heißen, dass man die zu zahlende Schuld schlicht und einfach aufhebt. In gewissem Sinn hat ein Schuldenerlass die Bedeutung von Vergebung. Man vergisst die Vergangenheit nicht, man tilgt die Schuld nicht, aber man »bricht mit ihr«[61]. Das Vergeben ist ein Akt jenseits des Bezahlens und kommt mehr einer therapeutischen als einer Rechtshandlung gleich. Es macht das Schlechte nicht wieder gut, aber es heilt von Hass. Verzeihen ist oft die einzige Lösung, um Gewalt zu unterbinden und um die Überlebensbedingungen der Schuldigen wie der Opfer unter Kontrolle zu bringen, ohne diese ausschließlich auf ihre kriminelle Vergangenheit festzulegen. Wie sonst sollte man die Verletzungen des sozialen Körpers heilen und die Übergänge von Regimes und die Erneuerung des gesellschaftlichen Lebens gewährleisten?

Dennoch hat das Verzeihen nur dann einen Sinn, wenn es sich auch mit dem Unverzeihlichen auseinandersetzt. Es gehört also ebenfalls zur Ordnung der untilgbaren Schuld; diese erinnert daran, dass es unmöglich ist, alle Leiden und Verluste wiedergutzumachen oder, anders gesagt, dem unerbittlichen Anteil des Bösen beizukommen. In diesem Sinn bricht das Vergeben nicht mit der Schuld, sondern bekräftigt, dass sie zwar nicht zu bezahlen, aber einzugestehen ist. Das Eingeständnis der Schuld ist ein Zeichen von Zivilisiertheit und Menschlichkeit und gestattet, die Arroganz des reinen Gewissens zu umgehen. Eine Weltordnung, die sich auf Tauschbeziehungen gründet, ist von Schulden beherrscht, aber zur Ordnung der Schuld gehört auch das, was über einen Austausch hinausgeht: eine Restenttäuschung, die durch nichts aufzuwiegen ist, Leid und Tod von besiegten Generationen, Opfer, die nicht entschädigt werden, die Welt jenseits der Wiedergutmachung.

Die Vergebung, verstanden als Nachfolge des Systems Gerechtigkeit, schaltet die Ordnung der Schuld nicht aus. Gerade gerechte Verhältnisse entstammen einer Gläubiger/Schuldner-Logik, nach der »alles bezahlt werden kann und muss«, wie Nietzsche gezeigt hat. Diese Logik impliziert eine Aufrechnung, die Entsprechungen zwischen Verfehlung und Bestrafung sucht, um das Gleichgewicht im Sozialvertrag wiederherzustellen, das vom Täter verletzt wurde. Das Recht auf Begnadigung entspricht dabei einem Recht »jenseits des Rechts«, das sich in der westlichen Welt aus der christlichen Tradition speist. Es bringt eine Form des Verzeihens hervor, das die moralische Schuld erkennt und die Erinnerung an das Verschulden bewahrt, aber von Strafe entbindet. Dieser Moment der Gnade setzt die Logik der Gerechtigkeit außer Kraft, denn die Gnade schließt auch das Nichtzurückzahlbare, Nichtzubegleichende mit ein und berücksichtigt das, was über die Tauschlogik der Gerechtigkeit hinausgeht: »Die Gerechtigkeit, welche damit anhob ›Alles ist abzahlbar, Alles muss abgezahlt werden‹, endet damit, durch die Finger zu sehn und den Zahlungsunfähigen laufen zu lassen, – sie endet wie jedes gute Ding auf Erden, *sich selbst aufhebend*. Diese Selbstaufhebung der Gerechtigkeit: man weiss, mit welch schönem Namen sie sich nennt – *Gnade*; sie bleibt, wie sich von selbst versteht, das Vorrecht des Mächtigsten, besser noch, sein Jenseits des Rechts.«[62] Nietzsche zufolge gehört die Gnade nicht einer moralischen Ordnung an, die der Gerechtigkeit überlegen wäre, sondern einer Logik der Schuld, die, treibt man sie bis an ihr Ende, sich schließlich selbst aufhebt. Dies setzt eine fortgeschrittene Entwicklung des Machtverhältnisses Gläubiger/Schuldner in der Gesellschaft voraus: Wenn die Gesellschaft sich stark genug fühlt, das in sich aufzunehmen, was ihr gefährlich wird, ohne zu befürchten, dabei ihr Gleichgewicht zu verlieren, kann sie sich erlauben, großzügig zu sein und die Schuld für erlassen zu erklären.

Die Vergebung als Gnade ist außerhalb einer Tauschlogik angesiedelt, denn sie erwartet keine Gegenleistung in Form von Reue. Das Mehr an Gabe in der Gnade ist genauso irrational wie das radikal Böse, mit dem diese konfrontiert ist. Tatsächlich wird dem Menschen durch die Gnade vergeben, schwach und fehlbar zu sein und nicht so, wie wir ihn uns vorstellen oder wünschen. Auch Simone Weil gibt der Vergebung diese Bedeutung: »Die Menschen schulden uns, was wir in unserer Einbildung von ihnen erwarten. Ihnen diese Schuld erlassen. Hinnehmen, dass sie anders sind als die Geschöpfe unserer Einbildung, heißt den Verzicht Gottes nachahmen. Auch ich bin anders, als zu sein ich mir einbilde. Dies wissen, das ist die Vergebung.«[63]

Die Gnade ist immer ein unverdientes Geschenk, das man dennoch verdienen muss, damit sie uns von der Schwere des Bösen und des Todes befreit. Sie hebt die Ordnung der Schuld nicht auf, aber indem die Gnade erlaubt, die Last der Schuld mit mehr Leichtigkeit zu tragen, verschiebt sie ihre Bedeutung. Die Gnade ist weniger eine uneigennützige Gabe jenseits des Tauschs als eine zweite Geburt, die man dem Verzweifelten, Schuldigen schenkt, damit die Beziehung noch einmal neu aufgenommen werden kann. Die gewährte Gnade muss zurückgegeben werden (*rendre grâce*). Gnade zurückgeben, Dank sagen (*rendre grâce*), das heißt, seine Dankbarkeit durch zusätzliche Gaben zum Ausdruck bringen, die von einem hinreichend großzügigen und liebenden Wesen zeugen, damit dem Hass entsagt, die Kränkung des Bösen verschmerzt und an eine Liebe geglaubt werden kann, die stärker ist als der Tod. Das Opfer Jesu, der das Böse und den Tod zum Heil der Menschheit auf sich nimmt, gilt als absolute Gabe, da er alles, selbst das ewige Leben, hingibt und die Schuld für erlassen erklärt. »Als symbolische Gabe ist das Opfer Christi nicht als Selbstverstümmelung anzusehen, um eine untilgbare Schuld zu begleichen. Mit seinem Opfer versucht Jesus nicht, eine Schuld abzuzahlen, sondern er beweist uns, dass diese erlassen ist.«[64] Diese Gabe ist Gnade in dem Sinn, als sie den Übergang zur Erlösung vom Bösen und vom Tod eröffnet. Sie entbindet von jeder Schuld, außer von der Liebesschuld, die unaufhörlich dazu auffordert, für das Mysterium des »Liebens« einzustehen. Denn darin findet sich der wahre Reichtum, der Schatz jenseits der sichtbaren Ökonomie. Wir entsagen also Nietzsches Vorstellung von einem »perversen Gott« und seinem Bild eines grausamen, eifersüchtigen Gläubigers, der den Menschen mit dem Opfer seines Sohnes in einen ewigen Schuldner verwandelt, um ihn wie einen Sklaven in der Gewalt zu haben.

Schluss

Die Tragik der Schuld und die Freude, ein anderer zu werden

»Niemand kann dir die Brücke bauen, auf der gerade du über den Fluss des Lebens schreiten musst, niemand ausser dir allein. Zwar giebt es zahllose Pfade und Brücken und Halbgötter, die dich durch den Fluss tragen wollen; aber nur um den Preis deiner selbst; du würdest dich verpfänden und verlieren. Es giebt in der Welt einen einzigen Weg, auf welchem niemand gehen kann, ausser dir: wohin er führt? Frage nicht, gehe ihn.«[65]

Friedrich Nietzsche

Die »Schuldenkrise« ist nicht nur eine Finanz- und Wirtschaftskrise. Sie zeugt von einer tieferen Identitätskrise des zeitgenössischen Individuums und vom Scheitern des Strebens nach radikaler Unabhängigkeit, dem Kernstück des neoliberalen Programms. Sie kommt jedoch nicht um eine ethische Fragestellung herum, die den selbstgründerischen Akt des Individuums, das sich als reinen Anfang verstehen und mit seiner Herkunft und seinem Erbe brechen will, weil es sich darin nicht wiedererkennt, dem Spott preisgibt. Ich glaube, dieser kritische Zustand von Identitätskrise bietet eine Gelegenheit, die es zu ergreifen gilt, um an der Nahtstelle von Intimität und Gemeinschaftsleben, von Ethik und Politik einen treffenderen Sinn von Schuld auszuarbeiten, der es erlauben würde, ihre Last mit größerer Leichtigkeit zu tragen.

Die Grunderfahrung von Schuld verleiht dem Verhältnis zum anderen und zur Zeit eine tragische Dimension. Sie bestimmt äußerst verschiedene Individuen und ganze Völker dazu, zusammenzuleben und auf Gedeih und Verderb eine Schicksalsgemeinschaft zu bilden. Der Mensch, der sich als

Schuldner akzeptiert, lebt in einem ständigen Widerspruch: Er ist qua seiner Herkunft in Beziehungen eingebunden, die ihn am Leben erhalten und ihm die Möglichkeit eröffnen, seine Identität zu finden, aber diese können nicht an seiner Stelle den Sinn finden, den er seinem Leben schenken sollte, um nicht zerstört zu werden. Er setzt sein Leben ein oder behält es sich vor, ohne sich mit der Arroganz dessen daran zu klammern, der sich sein eigener Grund sein will, oder mit der Schuld des Usurpators, der eine unverdiente Position an sich reißt. Er lebt in Erwartung einer Befreiung und einer Versöhnung, die nie gewiss ist.

Diese Bedeutung von Schuld bringt die Utopie des sich selbst genügenden Menschen der individualistischen und egalitären Gesellschaft ins Wanken. Wir müssen lernen, in einer Situation des Ungleichgewichts zu leben, in der die Schuld nie getilgt ist und die Gabe nie vollkommen. Die Unbequemlichkeit dieses Ungleichgewichts kann ein Klima des Misstrauens erzeugen, das in eine Einforderung neuer Rechte umschlägt und in dem ständig Beweise von Anerkennung und Liebe verlangt werden, um sich des eigenen Daseins zu vergewissern. Die Schuld besiegelt aber noch lange nicht das Scheitern des Individuums in seiner Fähigkeit, es selbst zu werden. Sie ist ein Topos des Mangels und der Passivität und gleichzeitig einer des Verlangens und der Weitergabe von Leben. Diesem Mangel können wir nicht durch die Beziehung zu einem anderen beikommen, der sozusagen »komplementär« wäre zum eigenen Ich. Der andere komplettiert nichts und füllt nichts auf. Aber durch den Mangel zu gehen erneuert auch das Verlangen und gibt jeder Art von Weitergabe neuen Antrieb.

Schließlich lässt die Schuld den Menschen in einer zeitlichen Kontinuität leben, die ihm erlaubt, angesichts der Unsicherheiten der Zukunft und der Gewissheit des Todes seiner Vergangenheit einen

Sinn zu verleihen. Der Prozess des Vererbens ist besonders exemplarisch für das Verhältnis von Schuld und Zeit. Denn dieser ermöglicht dem Individuum, sich in eine Geschichte einzubinden, die nicht auf sein sterbliches Dasein begrenzt ist, und die Zeit nach seinem Verschwinden ohne melancholisches Bedauern ins Auge zu fassen. Im Vererben kann die Freude, Leben weiterzugeben, Oberhand über die Angst vor der Endlichkeit gewinnen. Es gibt kein Vererben ohne diese Freude an der Übertragung und Umwandlung von Leben außerhalb des eigenen Ichs, ohne dieses Vertrauen in die Zukunft und in das Kind, ohne den Glauben, dass die Generationen, denen man die Welt schenkt, selbst auch eine Zukunft und eine neue Welt zu erschaffen haben.

Es gibt drei gangbare Wege, um sich von der Last der Schulden zu befreien. Entweder sie bezahlen, das heißt Rechenschaft ablegen, um quitt zu sein; oder sie erlassen, doch diese Entscheidung liegt beim Gläubiger, wir können nicht selbst den Erlass unserer Schulden beschließen; oder drittens sie als nicht zurückzahlbar anerkennen und als Zeichen unserer konstitutiven Unvollkommenheit und unserer Eingebundenheit in einen Prozess der Weitergabe betrachten. Die Schuld, die als nicht zurückzahlbar eingestanden wird, sichert Kontinuität und redefiniert die persönliche und kollektive Geschichte; sie erlaubt dem Individuum oder dem Kollektiv, auf Grundlage der zuvor erhaltenen Prägungen die Freiheit zu bemessen, zu der es fähig ist. Die widersprüchlichen Bewegungen von Anbindung und Ablösung, von Initiative und Zurückhaltung, von Passivität und Kreativität nähren die Dynamik des Verlangens und der Vererbung. Dieser Prozess setzt nicht auf den imaginären Kampf um den gleichen Rang und Einfluss, sondern ermöglicht Bindungen im Eingeständnis der jeweiligen Unterschiede.

Durch die Anerkennung der Schuld können sich Beziehungen entwickeln, die Individuen untereinander verbinden und sie als Angehörige verschiedener Generationen zusammenhalten lassen. Gleichzeitig ist eine gewisse Befreiung von unseren Schulden nötig, um uns ablösen zu können, um manche Bindungen aufzugeben, neue Impulse in unser Leben zu bringen und uns nach unseren persönlichen Wünschen entfalten zu können. Wie viele Bande müssen wir während unseres Lebens lösen, lockern oder verändern, um neu geboren zu werden und unsere eigenen Möglichkeiten zu ergreifen! Wir sind aufgerufen, aus einem vorgezeichneten Schicksal auszubrechen, um zu einer einzigartigen, unbekannten Bestimmung aufzubrechen. Nur so können wir andere werden.

Anmerkungen

1 Dieses Buch führt eine Überlegung fort, die in einer Dissertation über Moralphilosophie begonnen wurde: Nathalie Sarthou-Lajus: *L'Éthique de la dette*, Paris 1997.

2 François Tricaud: *L'Accusation, recherche sur les figures de l'agression éthique*, Paris 2001, S. 121.

3 Augustinus: *Bekenntnisse*, 13. Buch, Kap. 15, Stuttgart 1989, S. 378.

4 Jacques T. Godbout: *Ce qui circule entre nous*, Paris 2007, S. 170.

5 William Shakespeare: *Der Kaufmann von Venedig*, Übersetzung August Wilhelm von Schlegel.

6 Friedrich Nietzsche: *Zur Genealogie der Moral*, Zweite Abhandlung, 21. Kritische Studienausgabe, hrsg. von Colli/Montinari, Bd. 5, München 1999, S. 331.

7 Marcel Mauss: *Die Gabe. Form und Funktion des Austauschs in archaischen Gesellschaften*, Frankfurt/M. 1990, S. 27.

8 Ebenda, S. 118.

9 Ebenda, S. 65.

10 Ebenda, S. 162.

11 Gilles Deleuze und Félix Guattari: *Anti-Ödipus: Kapitalismus und Schizophrenie*, Frankfurt/M. 1977, S. 244.

12 Marcel Hénaff: *Der Preis der Wahrheit: Gabe, Geld und Philosophie*, Frankfurt/M. 2009, S. 366.

13 Ebenda, S. 367.

14 Jacques T. Godbout, a. a. O., S. 160.

15 Für eine gründliche kritisch-ökonomische Untersuchung des Finanzkapitalismus und der (privaten und staatlichen) Schuldenkrise, die »eine Konkursepidemie« ausgelöst hat, siehe: Gaël Giraud und Cécile Renouard (Hrsg.): *Vingt propositions pour réformer le capitalisme*, Paris, Neuauflage 2012.

16 Marcel Mauss, a. a. O. S. 174.

17 François Rachline: *De zéro à epsilon. L'économie de la capture*, Paris 1994, S. 173.

18 Augustinus übernimmt diese Frage seinerseits von Paulus, siehe 1. Korintherbrief 4, 7: »Was hast du aber, das du nicht empfangen hast?« (Lutherbibel 1912).

19 Matthäus 25,14–30 (Einheitsübersetzung).
20 Brief des Paulus an die Römer 13, 8 (Einheitsübersetzung).
21 Matthäus 20,1–16.
22 Émile Benveniste: »Darlehen, Anleihe und Schuld«, in: ders.: *Indoeuropäische Institutionen: Wortschatz, Geschichte, Funktionen*, Frankfurt/M. 1993, S. 142–156.
23 Ebenda, S. 142.
24 Friedrich Nietzsche: *Zur Genealogie der Moral*, Zweite Abhandlung, 4, a. a. O., S. 297.
25 Ebenda, 8, S. 306.
26 Eine umfänglichere Beschäftigung damit findet sich in *L'Éthique de la dette.*
27 Ich danke Abdelwahab Meddab für diesen Hinweis, ebenso sei auf den Koran-Ausdruck »*yawn ad-dîn*« verwiesen, der den Tag des Jüngsten Gerichts (wörtlich. »Tag der Bezahlung«) bezeichnet.
28 Deuteronium 15,2–3.
29 Charles Malamoud: »La Théologie de la dette dans le brâhmanisme«, *in:* Purusartha 4, 1980, S. 39–62.
30 Paul Ricœur: *Kritik und Glaube: Ein Gespräch mit François Azouvi und Marc de Launay*, Freiburg/München 2009, S. 198.
31 Charles Malamoud: *Lien de vie, noeud mortel*, Paris 1988.
32 1. Buch der Könige 3,24–27 (Lutherbibel 1912).
33 Franz Kafka: *Brief an den Vater*, in: *Hochzeitsvorbereitungen auf dem Lande und andere Prosa aus dem Nachlaß*, Frankfurt/M. 1983, S. 130.
34 Jacques T. Godbout, a. a. O, S. 198.
35 Siehe Paul Ricœur: *Die Fehlbarkeit des Menschen. Phänomenologie der Schuld I*, 2. Aufl., Freiburg/München 1989, S. 173–189.
36 Siehe Jacques Lacan: *Das Freud'sche Ding oder Der Sinn einer Rückkehr zu Freud in der Psychoanalyse*, 2. Aufl., Wien/ Berlin 2011, S. 66.
37 Der Begriff »der Andere« ist bei Lévinas so grundlegend, dass er im französischen Original durchgängig großgeschrieben wird.
38 Emmanuel Lévinas: *Gott, der Tod und die Zeit*, Wien 1996, S. 22.
39 Hannah Arendt: *Eichmann in Jerusalem*, München 1986.
40 Sarah Kofman und Jean-Yves Masson: *Don Juan ou le Refus de la dette*, Paris 1991.
41 Molière: *Don Juan*, I, 2, Berlin 1989, Übersetzung Wolf Graf Baudissin.
42 Siehe Emmanuel Lévinas: *Totalität und Unendlichkeit*, 4. Aufl., Freiburg/München 2003.

43 Sarah Kofmann und Jean-Yves Masson, a. a. O., S. 110.
44 Molière: *Don Juan*, IV, 7.
45 Ebenda, I, 3.
46 Ebenda, III, 2. (Im Original: »Va je te donne par amour pour l'humanité«. Für die Formulierung »amour pour l'humanité« gibt es die verschiedensten Übersetzungsvarianten, etwa »Nimm es und verschwind. Ich gebe es dir aus Liebe zu den Menschen« oder »aus Liebe zur Menschheit« oder »um der Menschlichkeit willen«. Die Frage, ob »humanité« mit Menschheit oder Menschlichkeit zu übersetzen sei, wurde vielfach philologisch diskutiert. Anm. d. Übers.)
47 Ebenda, IV, 3.
48 Ebenda, IV, 4.
49 Max Weber: *Die protestantische Ethik und der Geist des Kapitalismus*, 3. Aufl., München 2010.
50 Luc Boltanski/Ève Chiapello: *Der neue Geist des Kapitalismus*, Konstanz 2003.
51 Marcel Gauchet: »Essai de psychologie contemporaine«, in: *Le Débat*, Nr. 99, März–April 1998, S. 164–181, hier S. 172.
52 Jacques Derrida: »Den Tod geben«, in: Anselm Haverkamp (Hrsg.): *Gewalt und Gerechtigkeit. Derrida – Benjamin*, Frankfurt/M. 1994, S. 364.
53 Vom lateinischen *ad* (zu) und *dicere* (sagen, sprechen) (Anm. d. Übers.).
54 Paul-Laurent Assoun: »Psychanalyse et addiction«, in: *Éric-Pierre Toubiana* […], S. 21–104, hier S. 33.
55 Ebenda, S. 100.
56 Ebenda, S. 92.
57 Luc Boltanski/Ève Chiapello, a. a. O., S. 420.
58 Spinoza: *Ethik*, Dritter Teil: Allgemeine Definition der Affecte, Definition 34, Darmstadt 1989, S. 371.
59 Ebenda, Definition 6, S. 357.
60 Ebenda, Definition 2, S. 355.
61 Olivier Abel (Hrsg.): *Le Pardon: briser la dette et l'oubli*, Paris 1991.
62 Friedrich Nietzsche: *Zur Genealogie der Moral*, 2. Abhandlung, 10, a. a. O., S. 309.
63 Simone Weil: *Schwerkraft und Gnade*, München 1989, S. 20.
64 Antoine Vergote: *Dette et désir*, Paris 1978, S. 162.
65 Friedrich Nietzsche: *Unzeitgemäße Betrachtungen III: Schopenhauer als Erzieher*, 1. Kritische Studienausgabe, hrsg. von Colli/Montinari, Bd. 1, München 1999, S. 340.

©privat

Nathalie Sarthou-Lajus studierte Philosophie und ist stellvertretende Chefredakteurin der Zeitschrift *Études*. Sie hat bereits mehrere Studien zu den Themen Schuld und Schulden publiziert.

Sachlich im *SVLTO*

Stefan Schweizer André le Nôtre und die Erfindung der französischen Gartenkunst

Die französischen Garten- und Parkanlagen André le Nôtres – allen voran Versailles – wurden zum Vorbild für prächtige Gärten in ganz Europa: Herrenhausen, Nymphenburg, Schönbrunn und Peterhof in Russland. Stefan Schweizer stellt uns den Erfinder der barocken Gartenkunst vor und führt in seine schönsten Parks.

***SVLTO*. Fadengeheftet. Rotes Leinen. 144 Seiten**

Carmen Sánchez Kunst und Erotik in der Antike

Wieso werden die Helden der griechischen Mythologie stets mit auffällig kleinen Geschlechtsteilen abgebildet? Und warum hingen in den römischen Wohnzimmern, vor aller (Kinder-)Augen, sogenannte tintinnabula, Mobiles in Phallusform?

Aus dem Spanischen von Anja Lutter und Katharina Uhlig
***SVLTO*. Fadengeheftet. Rotes Leinen. 168 Seiten**

Guido Beltramini Palladio
Lebensspuren

Die Villen und Paläste Andrea Palladios wurden zum Inbegriff der gebauten Sehnsucht nach Süden. Über den Architekten selbst weiß man heute wenig. Der namhafteste Palladio-Forscher legt die bisher verborgenen Spuren seiner Lebensgeschichte frei.

Aus dem Italienischen von Victoria Lorini
***SVLTO*. Fadengeheftet. Rotes Leinen. 120 Seiten**

Peter Burke Die Renaissance

Die Renaissance als Ganzes. Nicht nur in der Kunst, sondern auch in der Literatur und Philosophie, nicht nur in Italien, sondern auch in England, Deutschland, Frankreich. Von dem englischen Historiker Peter Burke in einem übersichtlichen und verständlichen Essay dargestellt.

Aus dem Englischen von Robin Cackett
***SVLTO*. Fadengeheftet. Rotes Leinen. 120 Seiten**

Hans von Trotha Der englische Garten
Eine Reise durch seine Geschichte

Hans von Trotha führt uns durch die Geschichte des Englischen Gartens, eine Geschichte der Befreiung, und er zeigt uns die zwölf schönsten Parks. Ein »Reiselesebuch« für zu Hause und unterwegs.

Mit vielen Abbildungen und einer Karte
***SVLTO.* Fadengeheftet. Rotes Leinen. 144 Seiten**

Dieter Richter Goethe in Neapel

An der dauernden Italiensehnsucht der Deutschen hat Goethes Italienische Reise großen Anteil. In Neapel kulminieren Glücksgefühl und Befremden des fahrenden Nordmenschen. Dieter Richter begibt sich – gewohnt kenntnisreich – auf eine höchst unterhaltsame Spurensuche.

***SVLTO.* Fadengeheftet. Rotes Leinen. 144 Seiten**

John Berger Das Kunstwerk
Über das Lesen von Bildern

Acht Kurzkurse des bedeutenden englischen Kunstkritikers über das vergleichende Sehen, die Augen der Maler und die Einsamkeit der Betrachters.
»Bergers Aufsätze treten mit dem Leser in einen intelligenten, aber unprätentiösen Dialog mit Berger als Reiseführer in die Welt der Bilder und mit dem Leser als gleichberechtigtem Partner.«
Sigrid Löffler, Österreichischer Rundfunk

Aus dem Englischen von Kyra Stromberg
***SVLTO.* Fadengeheftet. Rotes Leinen. 96 Seiten**

Carlo M. Cipolla Geld-Abenteuer
Extra vagante Geschichten aus dem europäischen Wirtschaftsleben

Das liebe Geld und seine besondere Faszination: Es macht aus korrekten Familienvätern wilde Abenteurer.
»Das Büchlein wiegt manche umfassende Darstellung der Wirtschaftshistorie auf.« Andreas Platthaus, Frankfurter Allgemeine Zeitung

Aus dem Italienischen von Friederike Hausmann
***SVLTO.* Fadengeheftet. Rotes Leinen. 96 Seiten mit Abbildungen**

Savoir vivre

Françoise Hynek, Peter Urban-Halle
Jahreszeiten der französischen Küche
Eine kulinarische Reise mit 77 Rezepten

Für zwei Dinge – so sagt man – lassen sich die Franzosen und Französinnen gerne viel Zeit: für die Liebe und fürs Kochen. Dieses schön gestaltete Kochbuch führt mit vielen Anekdoten und Rezepten genüsslich durch Frankreichs Jahreszeiten und Regionen.

***SVLTO.* Fadengeheftet. Rotes Leinen. 168 Seiten mit Abbildungen**

Alice Vollenweider   Italiens Provinzen und ihre Küche
Eine Reise und 88 Rezepte

Eine Reise durch Italien und seine höchst verschiedenen regionalen Küchen mit vielen Rezepten und anderen nützlichen Hinweisen auf Leute, Orte, Unterhaltungen. Von einer großen Kennerin der heutigen italienischen Schriftsteller und Kochtöpfe.

***SVLTO.* Fadengeheftet. Rotes Leinen. 160 Seiten mit vielen Abbildungen**

Alice Vollenweider   Die Küche der Toskana
Eine Reise durch ihre Regionen mit passenden Rezepten

Alice Vollenweider wirft einen unterhaltsamen und fundierten Blick in die Mutter aller Kochtöpfe: Eine Reise in die Toskana, zu Köchen und ihren Leibgerichten.

***SVLTO.* Fadengeheftet. Rotes Leinen. 144 Seiten**

Edith Sitwell   Englische Exzentriker

Dieses schon klassische Buch präsentiert berühmte Exzentriker aus dem unerschöpflichen englischen Fundus.
»Es empfiehlt sich, das Buch wie eine kostbare Torte zu behandeln, die man Stück für Stück bei besonderen Anlässen verzehrt.«   Klaus Völker

Aus dem Englischen von Kyra Stromberg
***SVLTO.* Fadengeheftet. Rotes Leinen. 160 Seiten mit vielen Fotos**

Antonio Manetti Die Novelle vom dicken Holzschnitzer

An der Geschichte des dicken Holzschnitzers zeigt sich, auf welch schwachen Beinen ein Ich steht und wie schnell es seinem Besitzer abhandenkommen kann. Eine der großen komischen Novellen der italienischen Literatur.

Aus dem Italienischen von Marianne Schneider
***SVLTO.* Fadengeheftet. Rotes Leinen. 96 Seiten**

Casanovas Venedig
Ein Reiselesebuch
Herausgegeben von Lothar Müller

Lothar Müller beschreibt, im Dialog mit Texten Casanovas und seiner Zeitgenossen, das Venedig des achtzehnten Jahrhunderts bis zum Ende der Republik.

***SVLTO.* Fadengeheftet. Rotes Leinen. 128 Seiten mit vielen Abbildungen**

Heinz Berggruen Die Kunst und das Leben
Erinnerungen, Portraits, Schnurren

Der bekannte Kunstsammler und Kunstmäzen Heinz Berggruen (1914–2007) erzählt über seine Begegnungen mit Kunst und Künstlern, über die Rückkehr nach Berlin, Wiederbegegnungen und altmodische Dinge.

***SVLTO.* Fadengeheftet. Rotes Leinen. 144 Seiten**

Javier Fernández de Castro In Erinnerung an einen vorzüglichen Wein

Ein gehörnter Winzer, ein Verleger technischer Fachliteratur, ein Ingenieur, viel Rotwein und noch mehr Kühe: Ein kurzer Roman über eine Männerfreundschaft.

Aus dem Spanischen von Timo Berger
***SVLTO.* Fadengeheftet. Rotes Leinen. 120 Seiten**

Lob der Schulden erschien im Herbst 2013 als 200. *SVLTO*.

Die französische Originalausgabe erschien 2012 unter dem Titel *Éloge de la dette* bei Presses Universitaires de France in Paris.

Umschlaggestaltung Julie August unter Verwendung eines Ausschnittes aus dem Gemälde *Die Arnolfini-Hochzeit* von Jan von Eyck © Bridgeman. Gesetzt aus der Book Antiqua. Vorsatzpapier von peyer graphic gmbh, Leonberg. Leinen von Ernstmeier, Herford. Gedruckt auf chlor- und säurefreiem Papier und gebunden bei Kösel, Krugzell. Printed in Germany.

ISBN 978 3 8031 1299 6

9 783803 112996